高校教育管理与创新实践研析

关洪海　著

北　京
冶 金 工 业 出 版 社
2019

内 容 提 要

本书结合“互联网 +”时代背景下信息技术对高校教育管理提出的新挑战，通过对高校教育管理内容梳理，从教学管理、学生管理、创业管理等几个维度提出了信息化时代下高校教育管理趋势及策略。

本书可供高校教育工作者及高校师生阅读参考。

图书在版编目（CIP）数据

高校教育管理与创新实践研析 / 关洪海著．—北京：冶金工业出版社，2019.10

ISBN 978-7-5024-8294-7

Ⅰ．①高…　Ⅱ．①关…　Ⅲ．①高等学校—教育管理—研究

Ⅳ．①G640

中国版本图书馆 CIP 数据核字（2019）第 220856 号

出 版 人　陈玉千

地　　址　北京市东城区嵩祝院北巷 39 号　邮编　100009　电话　(010) 64027926

网　　址　www.cnmip.com.cn　电子信箱　yjcbs@cnmip.com.cn

责任编辑　曾　媛　美术编辑　郑小利　版式设计　吕欣童　孙跃红

责任校对　李　娜　责任印制　李玉山

ISBN 978-7-5024-8294-7

冶金工业出版社出版发行；各地新华书店经销；北京建宏印刷有限公司印刷

2019 年 10 月第 1 版，2019 年 10 月第 1 次印刷

169mm × 239mm；9.75 印张；188 千字；147 页

62.00 元

冶金工业出版社　投稿电话　(010) 64027932　投稿信箱　tougao@cnmip.com.cn

冶金工业出版社营销中心　电话　(010) 64044283　传真　(010) 64027893

冶金工业出版社天猫旗舰店　yjgycbs.tmall.com

（本书如有印装质量问题，本社营销中心负责退换）

前 言

“互联网 +”时代背景对高校教育管理提出了新的要求。作者结合多年教育教学管理工作中积累一些实践经验，查阅大量国内外资料，从“互联网 +”这一视角对高等教育管理进行了梳理和研究。

本书既立足于高等教育管理具体实践，又结合当前全国形势，从点到面，较为系统地论述了当前我国高等教育管理中教学管理、学生管理、创业管理和大数据时代信息化发展对推动高校教育管理创新产生的积极作用等方面内容，以及在当前信息化背景下高等教育管理研究中探索出一些研究体会，为当前我国新形势下的高等教育管理理论与实践研究提供参考。

当前国内关于高等教育管理研究的相关书籍较多，但大多仍旧停留在理论框架和教学层面，存在实践知识点较少、时效性不强等问题。相信本书出版，能在这一方面作为有益补充，填补相关研究一些空白，期待与各位专家共同交流探讨。

本书是作者多年从事教学管理工作实践的思考和总结，其中也凝聚了国内外专家学者在“互联网 +”时代对高等教育管理的新智慧、新观点。在本书编写过程中参考了国内外专家学者的研究资料，其主要来源在参考文献进行了列举，如有遗漏，恳请原谅。

由于作者经验和视角有限，加之时间仓促，不足之处，恳请专家与读者谅解，并给予指正，作者不胜感激。同时感谢在成书过程中我的同事和朋友给予的帮助！

最后以一句话和大家共勉——“钱学森之问”的核心并不在问其他，而在于“问”我们大学的教育理念和管理是否符合培养新时代社会主义建设者和接班人的新要求。

作者

2019年9月

目录

第一章　高校教育管理概述

第一节　高校教育管理的内容及本质

一、教学管理的组织系统

教学管理组织系统是教学管理群体为共同目标的达成，利用权责分配，层级统属关系与团队精神构成的可以实现自我发展与调节的社会系统，用于解决谁管理与如何管理的问题。管理体制是指组织机构安排，隶属关系与权责规划等组织制度体系化建设。要想充分发挥教学管理组织功能，就要从根本上优化管理体制，促进组织结构的科学合理建设。管理系统属于结构性关系组织，是组织成员彼此行为关系构成的一个行为系统，更是一个随时代变迁而调整适应的生态化组织，更是成员角色关系网。教学管理组织建设的根本目的是要构建全面科学的教学管理系统，构建质量管理系统与运行机制，更好地为广大师生以及教育教学工作提供助力。教学管理系统关注的是过程管理纵向系列与横向系列整合。纵向系列指学校、二级学院（部）、教学系部和教研室；横向系列有教务部门、科研部门、学生管理部门、人事部门、政工部门、后勤保障部门等；要促进教学目标的达成，培育出更多优秀人才，必须确保两个系列进行有效协调。

高校要构建教学管理组织系统，保证该系统工作可以顺利高效的开展，灵活创新的运行，一定要打造高素质的教学管理队伍，明确机构设置，确定岗位责任。

二、教学管理的本质

从本质角度上进行分析，教学管理是在高等学校系统中，以教学子系统为研究的管理对象，组织应用有限资源，科学安排教学过程，优化资源配置，提升教学效益。

三、教学管理的基本任务和职能

从基本任务上看，教学管理需要严格遵照教育教学规律，搞好教学管理系统规划，运用现代科技和现代化管理方法对所有教学活动实施动态和目标性管理。

与此同时，强调要发挥管理协调的巨大价值，调动各方参与主动性，确保人才培养进程当中教学任务顺利完成。

教学管理职能主要是“决策、规划，组织、指导，控制、协调，评估、激励，研究、创新”，这些职能之间有交叉，同时也有着密切的内部关联，共同构成了一个有机整体。

四、教学管理内容体系

做好教学管理，提升管理质量，其核心在于管理者清楚知道要管的内容，重点管的内容以及如何能够管理好。教学管理本身是一个整体，教学管理内容体系，从多元化角度出发进行体系框架的表现。就教学管理，业务科学体系而言，可以归纳成为四项，分别是教学计划、教学运行、教学质量管理与评价、教学基本建设管理这几个部分。如果将教学管理职能作为划分标准的话，包含控制协调、评估激励、研究创新、决策规划、组织指导。从教学管理层次与高度层面上进行分析，涵盖教学改革、教学建设与日常管理这几个部分。

（一）教学计划管理

人才培养方案是学校为了提升教育教学质量，确保培养规格的关键性文件，是安排教学活动，设置教学任务，维护有序，教学编制的依据所在。教学计划是在国家教育部宏观指引之下，由学校组织专家自主制定完成的，所以每个学校拥有很高的自主权。教学计划在确定之后必须全面贯彻落实。教学计划管理核心在于合理设计人才培养蓝图，要求学校在企业中注入极大精力，开展基本调查研究，尤其是获知新的教育观点、教学内容、培养模式等方面。需要将学校本学科专业的学术教学带头人、骨干教师先进行课程结构体系的研究。只有保证课程结构体系的优化与全面，将人才培养的总体规划进行有效定位，才能够为优秀毕业生的培育奠定坚实基础。其中特别要注意，在制定了教学计划后，必须严格贯彻，切忌随意散乱。

（二）教学运行管理

教学管理基本在于利用规范化管理确保教育教学活动顺利有序的运转，提升教学水平。教学运行管理是围绕教学计划落实开展的教学过程与有关辅助工作的组织管理。教学过程指的是学生受教师引导下的认知过程，还是学生利用接受教学活动的方式，收获综合发展能力的过程。高校教学过程在组织管理方面的特征，最为明显的是：第一，大学生学习自主性与探究性特征明显。第二，坚实基础学科教育根基上的专业教育拓展。第三，教学科研不断整合。以这些特点作为重要根据，教学过程组织管理，特别要做好课程大纲的设置；设计组织管理内容、程序、规范要求等，以便对教学过程进行检验。

（三）教学行政管理

教学行政管理是学校、二级学院、教学系部等教学管理部门结合教育规律与学校规章行使管理方面的职权，对教学活动与有关辅助工作实施科学化组织、指挥、协调调度，确保教学稳定持续运转的协调过程。

（四）教学质量管理与评价

教学质量这个概念具有很强的综合性，判断教学质量水平指标应涵盖教学、学习与管理质量的综合性指标，才能够得到客观准确的评估。教学质量是不断渐进累积的产物，是动态与静态管理整合形成的，所以要关注动态与过程管理，实现过程与结果的统一。革新教育思想，提升教学水平，是做好教学质量管理的基础前提。要做好质量监控，设计全程质量管理，构建与校情相适应的质量监控体系与运行机制，首先必须对质量监控概念、要素、组织体系等进行梳理，认真研究质量监控与保障的全部有关问题。高校要积极构建围绕核心，科学化与可操作性强的质量管理模式。

第二节　高校教育管理的原则及指导思想

一、高校学生管理的理论根据和指导思想

管理科学化在提升管理效率与教育质量方面意义重大。管理科学化的实现，依赖于与客观实际相符的，人性化与规范化管理制度，而以上所有均离不开科学管理思想。科学化的管理思想总共有三个层次，分别是认知理论的管理思想、管理遵照的基本原则与实践中运用的方法。

（一）管理思想

管理思想是关于管理的观点、理论或观念，是管理理论与实践整合与人头脑的一种反应。管理思想能够对管理实践以及重要指导作用，思想是行动的先导。管理思想会伴随社会和管理实践的产生、发展与变化而发生改变。古代朴素管理在四大文明古国等国家当中非常兴盛。公元前 2000 多年，古巴比伦《汉穆拉比法典》这个重要的法典就体现出了远古法规管理的思想。我国在公元前 1100 多年诞生了经济管理思想，在这之后又有人治、法治等管理思想产生。到了 19 世纪的后期，受机器大生产的影响，欧洲产生了过程管理、古典科学管理思想等。

20 世纪的 60 年代之后，产生了大量管理学派，促进了管理思想的繁荣。

高校学生管理是教育管理的重要组成部分，管理思想应该和教育管理思想一致，均为复杂综合的重要理论课题，也应确定理论前提，与一定的思想理论进行紧密关联，以便确定基本方向。站在哲学的角度进行分析，高校学生管理思想主要包括：

1. 运用相互联系的管理思想

高校学生管理属于社会现象，具有很强的综合性与复杂性。假如站在宏观角度上研究的话，高校和社会、家庭乃至于整个时代都是存在密切关联的，广大高校学生也不是孤立和隔绝于世的，因此高校学生管理会涉及社会、家庭，影响时代的同时也受时代影响或制约。

站在微观角度上进行分析，高校学生管理的各个要素之间，存在着彼此联系与制约的关系。比方说管理和教育间的关系，管理和服务间的关系等都互相影响与制约。

2. 运用动态平衡的管理思想

管理是一个系统性过程，该过程处在持续不断的发展变化过程中，不单单会受政治、经济、文化等诸多要素的影响，还受高校本身诸多因素的影响。所有都处在不断变化的过程中，管理工作也是如此，为在发展过程中不断完善与进步。另外，被管理者以及被管理者的思想行为、人格等也会在学生管理过程当中发展完善。因而将动态平衡管理理念应用到管理实践当中，就要用哲学当中发展的观点，做到与时俱进，立足现实，着眼未来，探究新情况，解决新问题。

3. 运用对立统一的管理思想

高校学生管理实践活动当中包含着多元化的矛盾关系，因而要借助对立统一的管理思想，处理问题与矛盾。例如，管理者和管理对象间存在着矛盾，要用对立统一思想指导管理实践。

4. 运用实践探索的管理思想

实践是检验真理唯一标准，而实践又是获取正确认识的主要来源。高校学生管理具有极强的实践性，同时对操作性能提出了极高的要求。所以在推进高校学生管理时，必须树立实践意识，培养探究创造的勇气，在实践当中把经验抽象为理论，以便更好地指导学生管理实践。不断反复以至无穷，促进学生管理全面进步。

（二）指导思想

在对我国高校学生管理进行指导思想研究的过程中，需要特别注意运用以下观点与思想：

第一，坚持马克思主义中有关于人全面发展的理论，培育“四有”人才是社会主义大学教育根本任务所在。想要保证研究工作质量，首先一定要明确给谁培养人才和培养怎样的人才这样的问题。我国社会主义大学的性质决定高校培育出的人才要具备扎实科学文化知识与健康的身体素质，要有极高社会主义觉悟。要完成四有新人的培育目标，就要严格根据马克思主义人全面发展教育思想，推动教育发展。马克思主义教育思想和些许有关于人全面发展的学说。有效培育德智体美劳全面进步的优秀中国特色社会主义事业建设者与接班人最重要的教育方针，也是马克思主义理论精华具体应用的表现。我们要把培养全面发展的“四有”人才作为教育根本任务和落脚点。

第二，运用马克思主义有关于辩证唯物主义的理论用对立统一观点对高校学生管理工作进行引导，在管理实践当中贯彻整体观念。马克思主义辩证唯物主义哲学是所有社会与自然科学的理论根基。马克思主义方法论与认识论渗透在全部社会与自然科学中，因而必然渗透在高校学生管理中。要利用对立统一观点，明确管理整体观念。从纵向上看，并使整体观念使局部与整体统一，从学生管理工作整体系统的角度上看，构成有机整体的每个部分都是支系统和局部。学生管理系统整体功能最终是局部组合形式决定的，虽然局部拥有特定功能，但都应服务于系统整体目标与功能，局部要素要以整体目标为基准建立起来。从横向上看，秉持整体观念是处理局部间分工合作一致性，将各部门进行有效协调共同为培育全面发展人才的管理目标服务。

第三，利用高等教育与现代科学管理理论指导学生管理，推动管理科学化。现代治校理念要求，要运用现代科学进行学校与学生的管理。具体而言，一要靠教育科学，遵照教育内外部规律办事。例如，高等教育规模是受经济基础决定的，又会反作用于经济基础。高等院校是高等教育的重要平台和有效载体，如今人才竞争激烈程度逐步增加，市场化竞争更是空前激烈，思想观念、结构、体制等多个方面都出现了一系列的改革。高校一定要过好时代脉搏，面向市场办学。高校学生管理要持续不断地进行，新情况的研究与新问题的解决，面向新时代培育复合型人才。而要靠现代管理科学理论方法完成管理活动，确保学生管理组织机构完善，管理制度健全，人员责任，岗位分工恰当，职责明确，奖罚分明，动作协调一致，管理高效。运用现代管理科学指导学生管理，主要是对基本原理进行应用，主要包括人的能动性、规律效应性、时空变化性、系统整体性的原理。在具体的管理实践当中，一定要促进组织系统化建设，决策科学化发展，方法规范化进步与手段现代化改革。

第四，继承发扬本国 60 多年来高校学生管理成功经验，吸收借鉴经验财富。从新中国成立 60 多年以来，高校学生管理实践当中累积的大量成功经验与宝贵成果是如今学生管理的财富。首先，社会主义大学要始终坚持共产党领导，走社会主义道路，这是最为基本的成功经验。所谓坚持党的领导，实际上就是利用党的方针政策路线等指导大学管理，确保大学的社会主义方向坚定，充分调动师生的热情，为培育与全面素质过硬的高级复合型人才不懈努力。之所以强调坚持社会主义方向，是因为我国大学具备社会主义性质。所有管理都要坚持党的领导，所有规章制度的制定落实，都必须始终坚持一个中心与两个基本点，就这样才能够激发管理参与者的热情，而这也是衡量管理功能与效益的基本点所在。其次，管理规范化与制度化就是将与社会主义方向相符，同时历经实践检验的、成熟民主的科学管理制度方法等用制度形式进行固定，构成工作规范，实现权责利的统一，让制度在思想性与科学性到达统一。再次，秉持理论与实际相联系的原则，面向社会实践与社会需要，确保教育和生产的整合。社会主义大学培育人才，一定要满足市场经济的需求，在思想方面拥有极高社会主义觉悟与共产主义献身精神，在业务方面除了要具备扎实理论之外，还要具备极强的分析与解决问题的实践能力，拥有实干精神与独立性。

二、高校学生管理的原则和基本方法

原则是客观规律反映，是观察与处理问题的根本准绳。社会主义大学管理的重要原则是学生管理内在规律的体现，不是主观臆造的。在整个学生管理体系当中，管理原则地位十分关键，有承上启下的作用，为管理目标与实现目标手段搭建了桥梁，是运用有效方法推进管理实践的根本要求。管理原则与管理目标、过程、方法、制度、管理者等要素当中，存在紧密关联，同时处在指导地位。

（一）高校学生管理的基本原则

1. 学生管理工作方向性原则

管理是有目的的一种实践活动，实际管理工作一定要具备方向性。把社会主义方向作为根本准绳，是我国学生管理的本质特征。我国是社会主义国家，所以要将高校变成社会主义性质育人平台。社会性质形成了对学校性质的制约，所以决定学校所有管理活动的性质，所以高校学生管理一定要坚持党的领导，走社会主义道路，坚持毛泽东思想、邓小平理论、“三个代表”重要思想、科学发展观、习近平新时代中国特色社会主义思想，为社会主义现代化建设培养造就大批合格人才，这是高校学生管理最根本和最重要原则。

2. 理论与实践相结合的原则

理论与实践相结合，坚持实践是检验真理的唯一标准，是马克思主义基本原理，更是高校学生管理基本准则所在。有效领悟与把握马克思主义科学与有关管理原理，掌握其精神实质，是做好学生管理的基础与前提条件。但管理原理，应用范围与实际价值会受诸多因素制约。共产党和国家在社会主义现代化建设的过程中，拥有基本教育方针政策，在不同时期会结合差异化的特征，提出具体方针政策与实际要求。这些方针政策与实际要求，应该在高校学生管理的措施方法中进行有效体现。但是学生管理科学化，还要坚持从本校实际出发，考虑学生的实际特征，制定出针对性强的方法策略。

3. 行政管理与思想教育相结合的原则

拥有共产主义思想道德，不单单要有说服教育，还必须持续不断的实施行为训练，让学校教育要求成为学生正确的行为习惯，不然教育效果是无法得到有效巩固提升的。假如规章制度以及行为规范等设置不够科学，思政教育实践就会丧失动力。行政管理在培育社会主义合格人才的进程中，作用巨大，给教育实践提供了重要的规范与纪律保障，但具体高校学生管理是借助规章制度与行为规律等科学指导与约束学生思想行为。这些制度措施以及纪律表现在社会和高校集体意识对高校学生的要求，还体现在对高校学生行为的外部限制。所以，单一借助管理制度解决高校学生群体复杂精神领域问题不实际，同时也违背了实际规律。正确管理措施的制定落实，一定要把提升学生认知能力，提高学生遵章守制自觉性当作是基础前提。自觉遵章守纪来自拥有科学正确的认知，离不开科学化的教育实践。只有利用科学合理的思政教育方式，才能够提升学生纪律执行自觉性，有效提升管理质量与效率。

4. 民主管理原则

社会主义高校学生管理体系当中一项非常关键的内容，是要对学生进行自我控制与管理能力的培养，使得学生能够在管理实践当中拥有主人翁意识，积极主动的参与管理活动，充分调动学生的主观能动性。为了保证学生自主管理的实现，一定要在学生管理当中落实民主管理原则，保证整体目标的达成。

就高校学生心理发展的特点而言，大学生正处在心理自我发现的阶段，这个阶段学生拥有非常强的支配自我与环境的意识，他们思想行为和中学阶段的学生有着非常明显的差异，特别是在独立性方面，渴望个人人格与意志得到尊重。面对高校给出的规章制度，以及纪律等方面的内容，高校学生会主动思考其合理性，通常不希望被动服从，渴望直接参与到管理当中。结合高校学生的心理特征，一定要在学生管理中发扬民主，让学生既是管理对象，又是主体。在落实民主管理原则时，特别要关注党团员学生作用的发挥，合理选拔优秀学生干部。

（二）高校学生管理的方法

高校学生管理方法是以管理原则作为有效依据，为保证学生培养目标的实现在具体管理环节运用的所有方法、步骤、途径、手段等，通常情况下有以下几种。

1. 调查研究

经常性的调查掌握和了解学生的实际情况，有效选取针对性强的处理方法。在调查研究过程当中，一定要针对调查对象、目的、方法等内容，做好科学规划，不可敷衍了事。调查过程当中，必须做到实事求是，有效运用马克思主义立场、观点、方法，注重综合性的研究分析调查材料与调查事物。

2. 建立规章制度

在高校学生管理发展的建设当中，应该逐步建立科学化的管理制度体系，这是确保学生管理工作有据可循的基础。制度建设一定要与高校学生身心特征相符，同时要与整个的教育规律与学生管理目标相适应。与此同时，制度要伴随教育改革与进步，持续不断地进行健全，与此同时要维持相对稳定性。

3. 实施行政权限

结合学生管理目标、内容等制定规章制度与相关的行为规范，利用行政方法实施有效管理，通过有关管理部门与师生、员工共同监督检查的方式，促使学生集体或个人与管理目标相符。行政方法通常有惩治和褒扬这两种。在具体的管理过程当中，针对能够认真遵守相关管理制度，思想行为都与制定规范相辅的个人与集体，应该大力褒扬赞赏；对于违规违纪，思想行为，不符合管理要求的个人与集体要给出限制措施，同时要用严格制度惩治行为极度恶劣者。

4. 适当运用经济手段

经济手段实际上是补充行政方法的一个策略。在具体的学生管理环节，给予必要物质奖励，或者是物质上的惩罚，指的就是经济手段。选用经济手段并不表明行政方法难以确保管理工作的有效实施，是因为经济手段会直接触及学生物质利益，所以能够发挥极大的作用，而这个作用是行政方法无法代替的。在选用经济手段实施学生管理工作时，不能只关注经济手段奖惩，而忽略日常教育指导与行政管理。也不能只注重经济手段奖励优秀学生，忽略用同样手段处罚指挥违纪学生。更不能只关注处罚而忽略奖励，否则会直接影响到经济手段作用的发挥。

第三节　高校教育管理的重点

一、教学管理的特点

教学管理在高校管理实践当中占据不可替代的地位，同时管理活动带有明显的特殊性，这也决定了教学管理有以下几个明显特点：

（一）教学管理的能动性

能动性是教学管理的一个显著特点，此处指的是人的主观能动性。教学管理主要对象是师生，是否可以有效调动师生积极性，是衡量教学管理质量的关键标准。在整个教学管理体系当中，师生拥有双重身份。教师在对学生进行教学指导时扮演的是管理者角色，而教师在作为高校教育教学执行者时，属于管理对象。学生是学校与教师的管理对象，同时是自身学习的自我管理者。不管是师生扮演着怎样的角色，承担着如何的身份，都有主观能动性。

（二）教学管理的动态性

动态性指的是教学管理各环节均处在动态发展进程当中，比如人才培养方案，要跟随社会经济变迁而不断地更新完善，教学质量评价系统要伴随建设内容改变而更新。正是在持续不断的总结提升和动态化的协调处理当中，才让教学管理水平与质量螺旋上升。

（三）教学管理的协同性

教学管理担当的重要任务是协调学生个体与、学校、教师不知道集体活动，有效发挥师生个性，推动个人与集体的协同进步。

（四）教学管理的教育性

教学管理者利用科学制定管理制度，优化管理过程，设置奖惩制度等方式，指导学生进行自我教育与管理，推动学生自我服务，最终实现育人目标。

（五）教学管理的服务性

高校中心工作在于育人，教学管理要紧紧围绕教与学，并为其提供良好的服务。树立正确服务意识，是对教学管理者提出的根本要求。

二、教学管理队伍的结构

高等学校教育教学管理队伍由分管教学副校长、教务处全体人员、学院（系）主管教学副院长（副主任）、教学秘书（教学办全体人员）和教务员组成。教学管理人员的结构主要包括学历结构、职称结构、年龄结构、学院结构和性别结构等指标。科级以上管理人员岗位应具备硕士及硕士以上学历，博士学历占一定比例；处级岗位、教学副院长（副主任）和重要科级岗位应具备副教授以上职称，教授占较大比例；老、中、青各层次人员合理分布，教学管理队伍既要有教学管理经验丰富的中老年专家，又要有充满活力、信息技术强的青年骨干；结构上非本校人员应该占多数比例，有利于发挥不同的管理思想，承担重要岗位工作的教学管理人员应有基层教学管理工作经历。

三、教学管理的重点

（一）注重提高教学管理人员职业道德和业务能力

学校方面要切实意识到教学管理者在学校长远发展建设当中，扮演的角色和发挥的不可替代作用，有效培育其思想政治素质，使其树立事业心与责任心，始终秉持奉献精神。

教育管理者所处位置非常关键，发挥承上启下作用，担当上传下达的责任，不单单要贯彻落实上级部门给出的工作安排与文件精神，还必须协调组织教学管理活动，同时还要面对教师，处在和学生沟通互动的前沿，这样的工作定位与职责呼吁教学管理者要具备职业道德与高度责任意识。教学工作涉及范围广，内容多而复杂，很多事都要关注细节，有些事情看似很小，但实际上却关系深远。就拿传达上级文件精神来说，这样的工作年年重复，特别容易引起认知层面的麻痹大意。这件事情看似很小，但是如果在这样的事情上出现管理差错，会直接导致院部甚至全校教学秩序发生混乱，造成教育教学难以有效推进，危害极大。一次教学管理者必须要具备精诚合作的精神。高校教学管理的一个重要特征是层次化管理，既有独立，又有彼此的团结配合。只有具备团队协作精神，懂得如何合作和协调，才能够全方位处理好实际工作，做好分工，有条不紊地解决好诸多问题。再次要有极强业务素质能力。教学管理者，业务水平与能力素质是独立开展教学管理工作，有效突破实际难题，完成各项管理任务的根本。学校方面要关注教学管理者业务素质水平的提升，使其能够熟练把握，以及运用好高等教育的专业化知识，把握教学管理基本理论与专业知识，有效评估教育教学的发展态势，协调不同部门与不同因素之间的关系，推动信息的顺畅流动，革新管理策略，全面提升管理水平；从实际出发开展教育科学研究和实验活动，有效推动教育管理现代化与科学化。

（二）正确处理教学管理与教学质量的关系

教学管理是学校针对教学工作不同环节开展的管理活动，结合既定管理目标与原则对教育教学实施有效调控。教学管理各环节均与教学质量存在着密不可分的关联。教学管理涉及的内容非常广泛，从教学质量评价系统来看，包括培养方案、教学计划的制订、教学任务的安排、教学跟踪监测、信息收集、信息统计分析、质量评价等内容。与此同时，要特别注意结合反馈信息以及评估获得的结果进行教学计划的革新调控。每一项具体工作又会包括很多不同的方面。教学管理一定要紧紧围绕全面提升教学质量，这个中心工作实施，高校应该全面革新与健全教学管理体制，积极建立有助于新型人才培养的教学管理制度。

（三）正确处理教学管理人员与教师教学任务的关系

教学管理者与教师共同担当着教育使命，前者以整合利用教育资源为主，教师以传播知识和启迪思想为主，管理育人与教书育人相辅相成，二者存在互相影响与作用的关联，属于同个目的之下的不同层面，主要体现在：

第一，教学管理者是衔接教师和学生的纽带，负责协调处理二者之间的矛盾问题，有效营造优质的教学环境，确保教学和学习活动的有序开展。

第二，教学管理者利用整理分析教师教学质量信息，反馈教学和学习的实际情况，合理给予出科学化评定。检查考核，教师教育教学当中体现出来的学术与教学水平，评估其敬业精神，归纳评估教师是否认真完成了教育任务，给出的指标和规划，促使教师结合社会发展与市场需要，提升教学水平，培养高质量人才。

第三，学管理者与教师共同参与学校各项事业的建设过程中，如课程建设和教材建设等。利用对教学的调查研究与分析工作，提出改革和优化教学的方案计划。

第四，大学管理者给教师提供教育教学方面的帮助，营造优良教学环境，促使教师可以集中注意力投入到教学活动当中。

（四）注重教学管理与教学研究的关系

教学管理是一项系统性工程，需要长时间建设与积累。高效完成日常教学管理，维护教学秩序，只是完成了第一层次工作，仅仅标志着拥有了良好的工作基础与教学环境。要想真正提升人才培养质量与教学管理质量，还必须积极，促进教育教学研究工作的开展。大量教育实践表明：关注教育教学研究的高校，其教学工作的指导思想明确、目标选择恰当，能审时度势，从国情、校情出发确立新思想、新思路、新措施、新制度，教学工作和管理工作处于高质量状态。教学管理和教学管理研究开展较差的学校，其教学改革往往比较落后，抓不住教学改革的重点与核心。结合这样的特征，要特别关注教育教学研究工作，把握好提升教学管理效益与质量的关键点。

第四节　高校教育管理的意义

教学管理是高校教育工作的重要组成部分，对培养高质量的人才起着重要的作用。教育部原部长周济在第二次全国普通高等学校本科教学工作会议上指出：当前加强教学工作的主要任务和基本举措是加大教学投入，强化教学管理，深化教学改革。这既需要各高校结合本校实际，健全和完善各项教学工作规章制度，还需要采取措施，确保各项规章制度严格执行。高校实施先进有效的教学管理，离不开高素质的教学管理人员。只有具备一支业务能力强、创新意识强、实干精神强的教学管理队伍，高校的教学管理水平才能不断地提高。

一、教学管理人员具备的素质能力

现代教育要求高校教学管理必须适应时代的发展，对在第一线的教学管理工作者提出了更高的要求，要求他们具备多方面的综合能力和素质，具体表现在以下几个方面。

（一）具备高尚的道德素质

良好的道德素质是搞好教学管理工作的基本条件。高校教学管理人员的道德素质如何，直接关系到学校教书育人的成效。“学为人师，行为世范”，教学管理人员应以自身的思想、学识和言行以及道德人格力量直接影响学生，做到管理育人。

（二）具备强烈的责任心

教学管理工作既有较强的连续性，又会遇到新情况、新问题；工作头绪多，任务重。强烈的责任心能产生工作主动性，是教学管理人员必备的品德。如每学期的期末考试，从安排、组织考试，到上报各种考试报表，再到各科试卷、成绩单的整理归档，每个环节都必须认真负责，才能较好地完成工作。

（三）具备扎实的业务知识素质

首先，要掌握系统的管理学知识。随着教学体制改革的深入，教学管理人员应掌握系统的管理学知识，按照管理规律办事，采用科学的管理方法，合理地分配人力、物力、财力，提高教学管理工作的效率。其次，要掌握相关学科知识，这是搞好教学管理工作的基础。院级教学管理人员应了解本院各专业的培养目标、课程体系及各教学环节的有关内容。再次，随着科学技术的飞速发展，办公自动化的程度越来越高，教学管理人员应学习和掌握相关的信息手段与技术，如掌握学籍管理系统、教材管理系统、教务管理系统、教学评估系统、毕业证书管理系统的应用及有关日常文书处理软件的使用等，促进教学管理方法的创新，保证教学管理工作的规范化、科学化和现代化。

（四）具备较强的工作能力素质

能力是使教学管理活动顺利完成并获得预期效果的基础和保障，能力培养和提高甚为重要。一名优秀的教学管理人员应具备一定的组织管理能力，较强的协调应变能力，利用现代化设备获取信息、处理信息的能力，较强的调查研究能力及团队协作能力等。这些能力是教学管理人员准确评估教学的发展趋势，协调各教学单位间相互关系，促进教学信息良性流动所应该具备的基本素质能力。

二、教学管理的重要性

从世界高等教育的发展趋势看，深化教学管理是当今世界高等教育发展趋势的客观要求。提高人才培养质量是世界各国面临的共同课题，高等学校都在思考"21 世纪的高等教育应该如何发展"。严格规范的教学管理，特别是加强教学质量的控制是提高高等教育质量的重要保证，向管理要质量是教学改革的重要任务之一。

从高等学校教学管理的实际需要来看，近年来，我国高等教育得到了快速的发展，2009 年高等教育在学总规模达到 2979 万人，在校生达到 2826 万人，2017 年 9 月，中国高等教育在学总规模达到 3699 万人，占世界高等教育总规模的 1/5，规模位居世界第一。但教育大国不等于教育强国。同时，有相当一批院校还没有形成健全、完善的科学管理制度。由于办学规模的不断扩大，师资队伍的结构发生了较大的变化，教学和管理的经验不足，传统继承研究不够，教学管理队伍的建设还没得到充分的重视；且教学管理干部变更频繁，管理干部的素质结构和水平、教育思想的观念还不能适应现代化高等教育快速发展的要求，在一定程度上制约了教育教学改革的深入和健康发展。

从高等学校教学和管理队伍的历史、发展和形成来看，目前绝大多数从事教学管理工作的人员在校学习期间缺乏系统的"教育学""心理学""教育管理学"等方面专业技术知识的学习，大部分人员是通过实际工作的不断探索而积累经验的，不能够从理论上、教学规律上更好地把握教育工作和教学改革的建设工作。

从高等教育科学的发展来看，许多学校没有把高等教育教学管理作为一门科学来对待，学校的教育教学管理不到位，没有形成必要的校内外教育研究信息沟通机制。学校缺乏教育教学研究的氛围，缺乏有组织、有计划、有目的的教育教学及管理研究，对学习、借鉴、继承、发展等一系列问题缺乏系统的思考和具体安排。

三、管理队伍建设的意义

建设一支综合素质过硬的教学管理团队，是有效提升高校核心竞争力的重要举措。当前，我国共有普通高等学校 2600 余所，各种形式的在校生总规模超过 2700 万人。随着社会的发展，高校间的竞争越来越激烈。"如何招到更多的优秀学生，如何培养出更多的高素质学生，如何使本校的学生在就业市场占据有利的地位”，成为各高校普遍关注的重要问题。而从新生入学、过程培养，到毕业生离校的整个学习过程，任何一个环节都离不开教学管理的保障。教学管理队伍实力强，则贯穿于教学过程中的理念就先进，制度就健全，教与学的环境就更严谨、公正，学生掌握的知识和技能就更全面。加强管理队伍建设将使教学质量得到提高和保障。

加强教学管理队伍建设是提升学校教学工作水平的必由之路。2006 年，教育部关于《普通高等学校本科教学工作水平评估方案》列出了 19 项二级指标，“管理队伍”是其中的考核项目之一；第二次全国本科教学工作会议后出台的《关于进一步加强高等学校本科教学工作若干意见》中，教育部共提出 16 项具体要求，其中“强化教学管理……加强教学管理队伍建设”是其中之一。由此可见，在考察教学管理水平时，教学管理队伍的建设是重要的评价指标。实际工作中，教学管理队伍也确实为提升教学工作水平发挥了关键性的作用。无论是办学指导思想、师资队伍建设、教学条件和利用、专业建设与教学改革，还是教学管理、学风与教学效果，所有这些决定教学水平的项目，都与教学管理人员的工作息息相关。只有加强教学管理队伍建设，并将高素质的教师队伍与高质量的教学组织管理有机地结合起来，才能创造出良好的教育教学质量，不断地提升教学工作水平。

加强教学管理队伍建设是提高人才培养质量的重要手段。人才培养是高等学校的根本任务，质量是高等学校的生命线。为全面提高人才培养质量，必须强化教学管理，深化教学改革，积极推进教育创新，尤其要推进人才培养模式、课程体系、教学内容和教学方法的改革，促进传授知识、培养能力、提高素质的协调发展。教学管理人员是深化改革、推进创新的主要策划者、实施者和监督者，教学管理队伍的水平直接决定了学校教学改革的广度、深度和力度。所以，提高人才培养质量必须要加强教学管理队伍的建设。

第五节　高校大数据教育管理一般性分析

高校大数据教育管理是教育现代化的客观要求，其具有科学性、及时性、互动性、差异性及权变性等特点，从而具有传统高校教育管理无法比拟的优势。在高校大数据教育管理实践中，相关关系和因果关系仍是高校事物之间最主要的两种关系，他们并不是相互排斥的，相关关系不仅不能取代因果关系，反而快速清晰的相关关系分析为寻找因果关系提供指导和帮助作用。只不过，高校教育管理中的大数据与商业领域中的大数据运用有着根本区别：商业领域不太重视因果关系，比较重视相关关系；而高校大数据以相关关系为切入点，最终寻找特殊的相关关系——因果关系。

一、高校教育管理大数据的类型

大数据技术是高校教育管理由传统的科学管理向文化管理进化的重要力量，随着高校大数据平台建设，教育信息技术在校园的广泛运用，高校教育管理大数据呈现多样化、复杂化、动态化的趋势。从不同的角度划分，高校教育管理大数据具有不同类型。

（一）按性质划分

按性质划分，我国高校教育管理大数据可分为结构化数据、半结构化数据和非结构化数据。结构化数据是工整的数据，其可以用二维表的结构来进行逻辑表达，属于关系型数据。非结构化数据包括所有格式的办公文档、文本、图片、智能硬件结合数据、标准通用标记语言下的子集 XML、HTML、各类报表、GPS 数据、图像和音频 / 视频信息等教学资源，不适合用二维表存储。而半结构化数据，顾名思义，其既不属于结构工整数据，也不属于非结构工整数据，而是介于二者之间的数据，如 HTML 文档就属于半结构化数据。半结构化数据一般是自描述的，数据的结构和内容混在一起，是用树、图来表达的数据。和其他领域的大数据有着相似的特征，目前，在我国高校大数据中，非结构化数据占主流，达到 80% 左右。据相关研究预测，未来我国高校非结构化数据将占到 95%。

（二）按来源划分

按数据来源划分，我国高校教育管理大数据可分为两类：一类是来自教育系统内部，与教育教学有关的数据，包括高校教学、科研、人事、学工、党团、后勤、图书等部门生产的大数据，这是教育管理大数据的主要来源；根据数据产生部门，也可把高校教育大数据分为四类：教学类数据、管理类数据、科研类数据以及服务类数据。二类是来自外部数据源的数据，特别是互联网和社交媒体产生的数据。随着 Facebook、腾讯 QQ、微信及微博等社交媒体的发展和移动 4G、宽带及局域网的发展，大学生网络化存在趋势加剧，24 小时挂网活动现象不断增加，与此同时产生的大数据也在不断增加。

（三）按主体划分

按采集业务划分，我国高校教育管理大数据可分为学生教育管理类大数据、教师教育管理类大数据、综合教育管理类大数据和第三方应用大数据四类。学生管理类大数据主要来源于学生的学习和生活及社交数据活动，诸如学生的基本信息、考勤、作业、成绩、评奖评优、参加的各级各类活动表现及学生网络轨迹及表现等。教师管理数据主要包括教师基本信息、备课教案、课堂教学、作业批改、答疑解惑、科研数据、评奖评优、进修培训、参加的各类活动数据及社交活动、网络活动数据等。综合管理类数据包括学校基本信息数据、学校各项评比类数据、学校各项奖励等。第三方应用类大数据，包括金融缴费、教学资源、生活服务、云课堂、微课及 MOOCs 资源等。

（四）按数据结构划分

高校教育管理大数据的结构可分为四层，从内到外分别是：基础层（教育基础数据）、状态层（教育装备、环境与业务的运行状态数据）、资源层（各种形态的教学资源）和行为层（教育用户的行为数据）。一般而言，基础层和资源层数据也属于结果性数据，状态层和行为层数据属于过程性数据。基础层大数据主要包括人事系统、学籍系统、资产系统数据等，主要服务于高校管理者宏观掌握高校发展状态科学决策，一般是结构性数据；状态层数据在智慧校园中主要靠传感器获取，主要服务于高校管理者掌握各项教学业务运行状况，优化教育环境；资源层数据主要以非结构化数据为主，主要包括网络教学资源（以 MOOCs、微课、APP、电子书等形式存在），也包括上课过程中产生的笔记、试题等动态生成性资源；行为层数据包括教师行为和学生行为数据，教师行为数据占主体，主要服务于个性化学习、学习路径推送、行为预测和发展性评价。

二、高校大数据教育管理的特点

传统高校教育管理存在人文不足、形式单一、反馈不足等诸多弊端，这与教育管理现代化的发展要求相悖。高校大数据教育管理则可成功破解以上难题，通过发挥及时性、互动性、差异性、科学性、权变性等特点和优势，彰显数据管理的魅力。

（一）高校大数据教育管理的科学性

传统高校教育管理决策模式大致有四种：依靠决策者的理性认知决策的“官僚主义模式”，通过“合意”过程来平衡大学内部多方群体利益的“学院型”模式，通过“扩散”程序表达不同利益群体的“政治型”模式，决策程序无章可循、随意性大的“有组织的无政府型”模式。这四种模式的共同弱点就是决策者的“有限理性”，缺乏科学性。大数据的核心是预测规律，高校大数据克服了传统小数据的局限性和不能反映整体的弊端，通过全面的考量，从而洞察隐藏在师生复杂、混乱数据背后的行为规律，从而提高教育管理科学性。马克•吐温说过，历史不会重演，却自有其韵律。预测人类的行为是一个经久不衰的梦想，科学家为之努力了上千年，大数据使这个梦想变为现实。人类行为93%可以预测的，人类的行为也是有规律的，“人类的大部分行为都受制于规律、模型以及原理法则，而且它们的可重现性和可预测性与自然科学不相上下。”“人类跟悬浮在水中的花粉微粒其实没有什么不同。受到某种跟左右花粉运动一样神秘的原因的驱动，人类大部分时间也是在运动不止。不同的是，人类不是受到微小而不可见的原子撞击，而是被转化为一系列任务、责任以及动机的不可见的神经元的颤动所驱使。”在教育决策方面，利用大数据技术能增强高校教育管理的科学性。高校教师的科研数据、教学数据、评奖评优数据、参加各类大赛数据及其生活、作息、交友、娱乐等数据，它们之间及它们与学校的管理机制、制度及投入等都有着诸多关联，这些数据背后都隐藏着规律，比如可以通过对科研成绩斐然的教师的作息和科研之间的关系、兴趣爱好与科研之间的关系、教学成效与科研的关系等诸多维度进行数据关联分析，建立数据模型，寻找其中规律，为科学决策提供依据，从而更好地制定学校科研政策、教学管理制度及评价制度。同时，高校教育管理大数据对于学生的学习与需求、舆情监控及科学决策有着重要意义。学生的学习成绩、能力素质、上网习惯、图书借阅、就餐情况等之间存在某种关联，通过数据分析，寻找这种关联和规律，增强教育管理的科学性，从而收到“事半功倍”的效果。

（二）高校大数据教育管理的及时性

莎士比亚说过：“一切过去，皆为序曲。”大数据以运算的形式来诠释此道理。“智慧校园”的前提是教育管理信息化，大数据技术是高校教育管理智慧之道的依凭。“事后诸葛”空遗憾，而“兵贵神速”要求抢抓先机。高校教育管理大数据是即时的、当下的，具有预警性，这为教育管理者抓住关键时期开展工作提供了技术保障。在网络深度覆盖的校园里，师生活动处处有数据、有信息，合成空前的数海，这其中的信息暂不考虑其现象是否与本质完全吻合，但是一些异常的信息和规律性的信息总是会在海量数据中涌现出来。对异常的信息，通过相应数据技术设立容忍度和临界点，使之达到界限后启动报警系统，最终起到防患于未然的作用。学生的交际问题、学业问题、就业问题、感情问题及经济问题等，都必然会通过网络时代的各种媒介得到展示与宣泄，而高校利用大数据技术，可以做到因势利导、超前谋划，及时预防和处理危机事件，将相关损害避免或减少。设想一下，如果南京某高校建立了基于大数据平台的师生行为预警机制，那么教师违反师德的行为就应早发现、早处理，学校贴吧及校长邮箱等都早有相关诉求的表达，学生的QQ、微博也早有消极无望情感的表达，那么硕士生因与导师关系紧张而选择自杀身亡的悲剧也许就避免了。这也说明了高校建立基于大数据的预警机制显得尤为重要。

（三）高校大数据教育管理的差异性

高校大数据教育管理的及时性、科学性是从宏观来讲的，而高校大数据教育管理的个性化，则是从微观来讲的。因材施教、个性化管理和多样化人才培养一直是教育的理想，高校教育管理对象具有差异性，正如马克思所说：“我的对象只能是我的一种本质力量的确证，也就是说，它只能像我的本质力量作为一种主体能力自为地存在着那样对我存在，因为任何一个对象对我的意义，都以我的感觉所及的程度为限。”理性与道德只有在自我确认中才能成为一种“为我”的存在，从而在肯定人的生命的前提下，促进人的全面发展。尊重大学生的个性特点、兴趣爱好、能力差异、家庭背景差异等，是高校教育管理者做好教育教学管理和服务工作的前提。尊重是爱、尊重是方法、尊重是境界。局限于技术及精力，在小数据的时代，高校教育管理者要做到察微知著是比较困难的，但是在大数据时代，这一切都显得更加容易。大数据教育教学资源，可以为学生量身定做适合个性特征的培养方案和课程清单，让学生突破时空限制，享受高质量的教育教学资源。大数据时代个性学习，不仅对于个体有着显微镜的功能，同时也可以预测学生群体活动的轨迹和规律，为高校教师改进教学提供有效反馈。因此我们可以说，大数据技术是高校精准教学、精准帮扶的重要保障。

（四）高校大数据教育管理的互动性

基于大数据的高校教育管理克服传统教育管理中的单向度，实现师生的互动，从而产生互动效应。互动效应在心理学上指两个或两个以上的个体通过相互作用而彼此影响从而联合起来产生增力的现象，亦可称之为耦合效应，也称之为互动效应，或联动效应。一般来讲，赋予积极的感情行动，将会收获积极的感情反应。高校单向传授和灌输式的传统教育教学方式，由于缺乏感情的耦合联动，导致教育教学缺乏实效性。在大数据教学平台上，高校教师与学生可以即时互动，答疑解惑、传道授业，对于学生做题的速度、学习的进度．教师都可以实时监控，做出处理，其他学习者也可以做出解释和指导。在这样的学习互动氛围中，信任、支持、谨慎、勤奋等情感信息释放，从而在整个群体中产生积极互动效应。对于思想政治教育工作来讲也是如此。针对教育命题，鼓励大学生积极参与，充分发挥其主人翁精神，为问题的解决、为学校正能量的传播贡献计策；在学校社交平台或学习平台上，针对就业困惑、心理困惑及学习困惑等，充分发挥朋辈效应的作用，使学生自我教育、自我发展，从而实现教育的“润物无声”。

（五）高校大数据教育管理的整合性

高校大数据的整合包括高校内部和高校外部资源的整合。只有整合资源，才能使资源的利用价值最大化。高校通过大数据技术可以很好地实现资源整合。初级层次的资源整合是介于学校内部各部门、各单位之间的数据资源整合。通过大数据平台的建设，可以打破部门数据分割，实现数据共享，促进数据公开和流通。高校之间及区域之间的大数据平台建立是资源整合的高级层次，这对于促进整个地区乃至国家的教育发展、资源节约具有重要的战略意义。在发达国家，利用大数据技术进行资源整合的步伐已走在前面。2012 年以来，美国的顶尖大学陆续设立网络学习平台。目前，世界上主要的 MOOCs 平台有：课程时代 (Coursera)、在线大学 (Udacity) 和哈佛大学与麻省理工学院共建的在线课程项目 (edX) 等。这些 MOOCs 平台的建立，不仅提高了这些高校的全球知名度和社会美誉度，而且对传播优质教育资源、促进人类教育发展都有着举足轻重的作用。美国科罗拉多州教育部通过开发全州纵向数据系统 (SLDS)，旨在将全州 178 个学区和 28 所公立高校的学生数据与福利、收入和劳动力等数据进行整合，从而用于进行州际学生表现的比较、各学段学业成绩关联及就业与学业关联等分析。这对于我国具有重要的启发和借鉴意义，我国高校目前也在资源整合方面取得一定的成绩，诸如清华大学、北京大学、上海交通大学及复旦大学等高校已建立面向社会开放的大规模课程平台，“中国大学 MOOC”受益面不断扩大等。

（六）高校大数据教育管理的权变性

“没有绝对最好的东西，一切随条件而定。”权变管理的核心思想就是“以变制变”。管理没有定法，管理只能根据外部环境和内部要素的变化而采取不同的方法策略。对学生教育教学管理没有一劳永逸的万全之策，也没有放之四海而皆准的适用公理，更无适应一切学生的万能公式。学生的学习数据、教师的教学数据、管理人员的行为数据、监控里的安全数据等，都是动态的、实时的，形成一股股信息流，一切都是不断向前流动的过程，故而“变”是高校教育管理永恒的主题。这就要求高校教育管理人员要及时掌握管理对象、管理内外部环境的变化情况，研究各种变化的趋势和规律，并研究各种变化之间可能的相互作用及后果，从而提前决定采取科学、适宜的有效方式来应对。大数据技术为高校教育管理者及时获得管理对象各种信息提供了技术保障，大数据的海量、快速、动态和便捷性有利于高校教育管理权变性的实现。

第二章　高校教育管理信息化的基本现状及难点热点探析

第一节　我国高校大数据教育管理现状

一、我国高校大数据教育管理发展取得的主要成绩

随着大数据、云计算、物联网、智能终端等技术的发展，高校教育管理目前正向智慧化、生态化演进。在高校教育管理智慧化浪潮中，北京、上海、深圳、杭州、无锡等五个城市先试先行，重庆、兰州、贵州、武汉、天津、广西、哈尔滨等多个省市紧随其后。传统IT、产业模式往往有明显地域之分，大多集中在北京、上海、广州等，这显然不符合全国高等教育均衡发展的要求。基于大数据、云计算等技术的教育管理改革，让西部、边境地区的省份，如贵州、重庆、新疆、内蒙古等不再因为地理位置偏僻而影响智慧教育的推进。当前，我国高校大数据教育管理发展取得了一定的成绩，主要表现在以下几个方面。

（一）高校CIO制度初步建立

在“互联网+”时代，网络与高校教育管理的结合就是用互联网来促进教学、科研、管理和服务的升级。建立首席信息官（CIO）在高校大数据教育管理变革中是必要的，是保证从上而下推进教育变革的前提。据教育部科技发展中心2015年发布的调查结果显示，CIO制度初见端倪。越来越多的高校将信息化规划单独成文，其中60%的“211”高校、60.8%的普通高校以及50%的高职高专学校有单列的信息化发展规划，83%的院校建立了信息化领导小组。如，清华大学、北京大学、中国传媒大学、浙江大学、上海交通大学、武汉大学、上海财经大学、天津大学、华中师范大学、兰州大学、西南财经大学、常熟理工学院、浙江传媒学院、东南大学、复旦大学、西安交通大学、电子科技大学等设有专门的信息化领导小组，负责领导、组织、协调和决策校园信息化建设等重大问题。可以说，大部分“211”“985”高校都设有独立的校园卡中心和网络中心，一般本科院校中有55%设立独立建制

的管理机构。信息化办公室作为新的信息化部门，有 30% 的“211”高校和一般院校设立了此机构。超过 80% 的高校都指派了一名副校长来具体负责本校教育信息化发展规划的制订。高职高专中由副校长负责的学校比例最高，达到 85.54%，“211”院校由副校长负责的比例也超过了 80%，一般全日制高校副校长负责规划制订的比例稍低，为 79.03%。信息化、数据化日渐得到高校管理者的重视，CIO 制度从领导机制层面保障了我国高校大数据教育管理的健康发展。

（二）高校信息基础设施投入不断加大

在数据平台建设方面，将两年投入总和小于 200 万元的算作“很少”，200 万 ~1000 万元算作“一般”，1000 万 ~3000 万元算作“较高”，大于 3000 万元算作“很高”。据教育部科技发展中心 2015 年发布的调查结果显示，对 2012~2013 年数据平台（信息中心）建设经费投入情况，一半以上的高校两年信息化投入都在千万级，呈现“较高”的特点，信息化投入两百万以下的只有 4%。“211”院校的信息化投入更高，60% 的投入在 3000 万元以上，呈现“很高”的特点；一般院校两年的信息化投入 50% 左右在 1000 万 ~3000 万元，呈现“较高”特点；而大部分高职院校的信息化投入都在 200 万 ~1000 万元之间，呈现“一般”的特点。从地区看，信息化投入从高到低排序分别为：华北地区、西北地区、华南地区、华东地区、西南地区、东北地区、华中地区。华北地区大约有 45% 的高校在 3000 万元以上投入，而华中地区不到 10% 的高校投入在 3000 万元以上。高校数据中心（信息中心）建设资金来源主要靠学校下拨的专项建设经费和常规经费，而高职院校经费主要来源于信息化部门外经费，如国家或地方职业院校教学改革建设经费。从地区来看，华南、华北地区经费主要以学校划拨和常规运行经费为主，其中，华南地区大约有一半以上的高校依靠此种资金渠道运行；而东北地区有 41% 左右高校经费来源于信息部门计划外，体现了当地政府对信息技术和大数据技术的支持。2012~2013 年，各类信息化经费有升有降，高职类院校信息化经费及常规运作经费都呈下降趋势，这与其多方筹资有关；而一般高校和“211”高校信总化部门计划经费有所增加，增幅不大，这与其经费投向大数据人才和信息技术人才培养上有关。当然，华中地区因经费投入前期靠后，最近几年呈“后来居上”趋势。武汉大学 2017 年计划投入 200 万元建设武汉大学大数据分析与服务平台建设项目。总之，目前，大数据平台建设经费投入有保障，常规运营经费还需要加强。

（三）高校信息化建设稳步推进

所有参与调查的院校均已开始进行信息系统的建设。其中已有 48% 的院校完成了信息系统建立开发工作，38% 的院校正在建立，14% 的院校也已处在起步阶段。多数院校以购买成套软件产品为主，而在未来三年内则会倾向于外包、合作开发和自行开发三分天下。90% 的高校已建立校园一卡通系统，74% 的高校建立了统一的身份认证系统，63% 的高校建立统一的公共数据交换系统，65% 的高校建立了校园信息门户，58% 的高校在社会化网络上开通官方账号。其中，身份管理与认证系统基本已经普及整个校园，75% 的高校身份认证系统支持跨校区访问，25% 的高校身份认证系统支持跨学校访问（跨区域的联邦认证），65% 的高校身份认证系统支持移动信息平台，68% 的高校提供一个账号支持两个或多个设备上网。所有参与调查的学校都表示已经通了网络，85% 的高校提供无线网络服务，55% 的高校无线上网并不另外收费。将近 80% 的学校都表示在未来两年内需要升级带宽。在 IPv4 地址资源竭尽的情况下，47% 校园网出口使用私有 IPv4 地址，IPv6 的部署情况却只有四成，需要发展。在数据中心安全技术策略上明显看到“211”学校强于其他类型高校。另外，不少国外高校采用的网络安全技术在国内鲜有人知，国内高校网络安全防范的做法比较雷同且传统，这块还有一定的发展空间。教学信息化是管理信息化之后各高校优先发展的业务，各高校多媒体教室已成标配，近 80% 的高校采购了全校性网络教学平台，探索信息技术与教学的深度融合。从调查情况来看，网络教学平台产品被替换的比例很高，不少学校表示已经更换或正打算更换网络教学平台。各学校优质教学资源建设受国家项目的影响较大，如精品资源共享课、视频公开课、大规模开放在线课程等，课堂实录也主要是为精品课程建设项目服务,优质教学资源建设尚未进入常态化。最近两年，微课比赛较多，但应用于教学还不普及，MOOCs 开始起步，影响还不够大。三分之一的学校开始试水移动信息发布 APP，如教学资源发送、通知发送等。不少重点高校更加注重服务的专业化和精细化，让服务更加高效和人性化，甚至一些知名高校视野更大，思考如何让 IT 与学校特色相结合，希望在大数据研究、IPv6 研究以及 MOOCs 等方面有所建树。据教育部科技发展中心的调查结果，我国有 12% 的高校已使用云平台，有 3% 的高校未购买平台产品、以年服务费方式租用平台。高校数据中心或信息中心发展的特点：一是都很重视信息安全，加强数据安全制度的制订和执行，有近八成的高校已制定并实行或逐步实行安全制度；二是应用系统融合发展趋势明朗，有 1/3 的高校正在建立跨应用系统的共享方案，减少信息“孤岛”。高校一卡通全面普及，教学信息化也走向成熟。有 1/5 的高校信息化建设已经进入成熟发展期，在卡务服务、信息服务平台、数字化校园、移动信息服务、教师团队与管理建设、邮箱服务及举办赛事活动与信息化讲座方面都有自己的可圈可点的服务管理特色。

（四）高校教育管理效能不断提升

大数据在促进我国高校教学资源共享、教学方式改革、科研方式变革及教育管理变革等方面取得了一定的成效。

1. 大数据促进教学资源共享

2013 年是中国教育管理大数据元年，也是中国 MOOC 元年。高校教育资源分布不均、建设经费紧张，在这种情况下，基于云计算技术的大数据 MOOC 平台应运而生。MOOC 就是基于开放教育和共享理念，旨在提高教学质量和资源使用效益的产物。我国 MOOC 组织模式主要有三种：一是加入国外 MOOC 平台，如国外 Coursera、edX 等优秀平台及 MIT 等知名大学 MOOC 平台；二是建设本土 MOOC 平台，如清华大学的“学堂在线”、北京大学与阿里合作的“华文慕课”、上海交大的“南洋学堂”、“好大学在线”、“人卫慕课”“中国大学 MOOC”、中文泛 IT“开课吧”及过来人首个正式商业运营的“顶你学堂”MOOC 平台；三是引进国外优秀 MOOCs 资源。“MOOC 中国”目前已有 121 所高校加入，理事单位 40 家，会员单位 80 家，已有 9911 门课程，用户将近 600 万，其中 IT 培训的有 500 多万，学历教育在读学生 50 多万。已有的 MOOCs 课程覆盖了全部一级学科，有些平台推出的微专业课程则以专业或者职业为单位，例如，互联网工商管理微专业是由学堂在线与清华经管学院联合推出的。中国 MOOCs 的课程涵盖了高中到博士生学段，包括通识课程和专业课程两大类。同时，也有专为在职人员提供的课程。

虽然商业化的公司也投入在线教育，如淘宝同学推出的 1 元钱以上的课程，网易云课堂推出大量免费课程，但是商业公司的目的在于盈利，所面对的消费者也是职业教育需求迫切的学习者，以高校或高校联盟发起的教学资源平台更贴近学习者。以中国大学 MOOC 为例，2014 年 5 月，中国大学 MOOC 上线，由爱课程网和网易公司联合建设，学习者有免费和收费学习两种方式，收费学习可获得电子和纸质证书。2015 年 5 月，中国大学 MOOC 启用移动客户端，并率先在国内推出在线测试、作业功能，“中国大学 MOOC” APP 荣列苹果公司 AppStore“2015 年度精选名单”，是 2015 年度唯一入选该名单的教育类 APP。中国大学 MOOCs 课程包括普通大学课程、职业教育课程和大学选修课三类，课程内容主要是通识课程和基础课堂。目前平台学习人次超过 2000 万，已有 21 万多人获得学习证书，每天活跃用户超过 20 万，社会反响良好，成为当之无愧的国内第一慕课公共服务平台。

授予证书和认定学分是推动在线教育发展的动力。据殷丙山等（2016) 对我国 MOOC 的 1388 门课程调查显示，80% 的课程有证书授予，其中，课程数量和证书最多的是理工类 MOOCs，哲学类课程是授予证书和课程数据占比最多的，医学类课程是收费认证课程占比最高的，教育学类课程的证书认证有较大的发展空间。目前课程证书有四种情况：无证书授予信息的占 20%，有证书但需收费的占 20% 左右，有证书但不收费的占 33% 左右，无证书的占 22% 左右，有免费和收费两种证书的占 6% 左右。不认定课程学分的占 37% 左右，只认定本校 MOOC 平台的课程占 17% 左右，认定指定 MOOC 平台的课程占 22%，认定加入相关 MOOC 联盟的课程占 17%，认定不同平台指定课程的仅不到 7%。目前，我国高校间课程学分认定主要还是局限于各高校内部及高校联盟间学分互认。在高校内部，更多的是用来进行混合式教学、改善课堂教学质量。未来教育发展的趋势要求，高校要加大基于互联网开展学历与非学历继续教育，加大不同平台指定课程的学分认定力度。中国 MOOC 课程学分认定面临两难问题：对社会学习者学分如果不加以认定，将会失去在线教育发展的持续动力；但是对社会学习者或非本校、本联盟学生课堂学分的认定，又会面临考核评价标准一元化及一般高校自身教学特色湮没的难题。

高校课程联盟如雨后春笋涌现（表 2-1），有力促进了优质教育教学资源的共享。2013 年 8 月，上海交大、西安交大、西南交大、北京交大、新竹交大 5 所海峡两岸交通大学推出“在线学习联合体”，标志华文在线教育正式开始。东西部高校课程共享联盟成员目前已增加到 122 所，全国受益学校 2000 所以上，覆盖大学生 1000 万人以上，累计 400 多万名大学生通过联盟的共享课程获得学分。上海高校课程中心、五校交大平台等推出的课程主要以通识课程、基础课程为主，全部免费使用，部分联盟还实现了学分互认，拓展了服务包的内容，增强了联盟的吸引力。混合模式、翻转课堂是上海高校课程中心的优势，在线考试、认证考试是五校交大平台的优势。这些高校联盟相对于商业公司的在线教育来说，在认证方面具有无法比拟的先天优势。

表 2-1　高校课程联盟名单

序　号	课程联盟名称	牵头单位	成　员	合作企业	成立时间
1	上海高校课程中心	上海教委	60 多所上海高校	智慧树	2012.08
2	东西部高校课程共享联盟	重庆大学	北京大学、山东大学、西安交通大学、复旦大学、武汉大学等近 122 所高校	智慧树	2013.04
3	吉林省高校课程共享联盟	吉林大学	吉林大学、东北师范大学等省内 30 多所高校参与	智慧树	2015.06
4	浙江宁波高校 MOOCs 联盟	宁波大学	宁波大学、宁波工程学院、浙江万里学院、宁波卫生职业技术学院等 16 所高校	超星泛雅	2015.07
5	浙江省高等学校精品在线开放课程共享平台	浙江大学	109 所高校参与，打造特色“云大学”	杭州简学科技有限公司	2016.01

续表 2-1

序　号	课程联盟名称	牵头单位	成　员	合作企业	成立时间
6	涉海高校海洋课程联盟	中国海洋大学	大连海洋大学、广东海洋大学、厦门大学等 21 所高校	超星集团	2016.03
7	海南高校课程共享联盟	海南大学	18 所海南高校参与	上海卓越睿新数码科技公司	2016.03

2. 教学方式改革

大数据时代，“互联网 +”教育已深入人心，但是采取哪种策略融合，则是对教育者创新和智慧的大挑战。据美国 EDUCAUSE 分析中心发布的报告显示，大部分学生表示在包含在线和面对面的混合环境中学习得最好。移动学习、泛在学习是未来教育的趋势，其有着即时性、参与性、情境性、社会性、泛在性、愉悦性等优势，将在碎片式学习中发挥优势。我国诸多高校运用大数据技术进行教学方式改革的探索，取得了初步成效。华中师范大学利用大数据推进教学改革，在顶层设计、规章制度、教学环境、教学设施、教学资源、教学方法等方面取得初步成效。教育部部长陈宝生在 2016 年视察华中师范大学时，对其高等教育领域推进信息技术与教育教学深度融合工作给予高度评价：网上来云里去，“互联网 +”搞教育；线上学线下教，教学创新好平台。基于大数据的高校教学方式将发生变革，目前，MOOC 已被广大高校所接受，成为翻转课堂和混合式教学的重要支撑。如，上海易班（e-class 上海大学生在线）可以说是运用大数据改革教学方式的例子，在沪 60 多所高校参与，人数达 161 万，2016 年建成一个包含 500 门专业课程、5000 门兴趣课程的资源库。东华大学是利用大数据推进“泛在学习”的代表，2015 年东华大学设立了在线“学习超市”，即“易课堂”，共开设了 179 门课程资源，全校师生共建共享课程，从而使 30% 的学生学习成绩得到提高，学生不及格率显著下降。当然，MOOC 也存在制作成本大、更新快不方便、彩排后录制非原生态课堂等缺点。2014 年东华大学推出秋波智慧教室平台，提供了一套完整解决方案，包含 ClassAPP、ClassCloud 和 ClassNet 系列产品，基于移动互联网和位置服务技术路线，实现课前、课上和课后各个教学环节全覆盖，完善学生自动签到、课堂互动、实时在线课堂、课下资料共享与交流等智能教学功能。同时，还提供了导航、社交、电子商务等智慧校园服务入口，服务教学和生活，服务创新和创业。“秋波”课堂能够有效克服 MOOCs 存在的以上问题，不仅可以实现校内学习与远程学习，而且还原真实课堂“原生态”，成为东华大学本科教育的重要改革举措，2015 年全校 80% 的主干课程实现此功能，并在上海其他高校推广。2014 年秋季学期，北京大学信息科学技术学院张铭教授利用在MOOC平台上课的经验，在其《数据结构与算法》课程中推行“MOOC+翻转课堂”混合式教学，他的混合教学实验班分三种类型的班级。普通班、竞赛实验班和翻转班，普通班教授没有课程基础的学生，竞赛实验班教授具有较深知识储备的学生（各省市奥数获奖者），翻转课堂教授的是对课程有兴趣、想要继续拓展的学生。翻转课堂强调预习、强调自主学习和探究学习、强调课堂讨论的节奏控制与重点把握。期末考核显示，三类班级中，翻转班成绩超过普通班10多分，与竞赛班相当。“中国大学MOOC”推出一大批以文化素质教育课、公共课和专业核心课为主的MOOCs，采用MOOC+SPOC的方式，促进大规模学习互动与校内专属或小班教学相结合，推动高校教学方式方法改革，持续提高教学质量。我国高校建设的在线课程总数已超过1400门，课程平台为高校定制课程（SPOC)达5600多门次，累计1700多所学校在平台上选用或定制课程，高校和社会学习者选课人次超过3000万。

3. 科学研究支持

首先，科研大数据的共享是高校进行科学研究、实现科研突破的基础。一位进行地质学研究的院士无奈感慨“地质研究只能研究外国的，不能研究中国的”，因为地质数据都掌握在国家部门手中，却不对外开放；一位统计学的教授去气象局寻找一些最普通的气象数据，都吃了闭门羹。这些故事说明了开放的数据才能成其大，大的数据才能促进科研的发展。同理，高校科研工作也需要开放的大数据支持。科学研究规模不断扩大，复杂性也不断增大，高校作为科研的重要阵地，科研人员需要采集海量数据，这对传统计算技术提出挑战。以云计算为基础的高校大数据平台，对于科研资源的共享、提高资源利用率及按照科研需求定制服务模式等方面提供了广泛兼容的科研环境。其次，科研大数据驱动社会科学更“科学”。社会科学研究在大数据背景下可以将原子论和整体论融合与统一，形成“从定性到定量，从简单分析到复杂处理，从属性数据到关系数据”新的研究范式，将脱下“准科学”的外衣，全面迈入科学殿堂。哥伦比亚大学社会学家艾伦·巴顿认为，“在过去30年，经验性的社会研究被抽样调查所主导”。这种随机性使社会科学倍受逻辑性、科学性不足的诟病。自然科学和社会科学是人类知识的两种类型，自然科学研究的对象是物理世界，讲的是“精确”，也能通过各种努力达到“精确”，比如，引力波的发现证实了爱因斯坦的广义相对论的正确。但是社会科学因其研究对象是人，其规律是随机的，讲求概率，导致“测不准”，故而社会科学又被称为“准科学”。但是在大数据时代，大数据能够成为我们观测自身的“显微镜”，使越来越多的社会科学由定性研究向定量研究转变，教育也将变成一门实实在在的实证科学。华中师范大学中国农村研究院针对中国农村村庄信息统计无法到村的不足，借助互联网地理信息技术，实现对全国60万个村庄的数字化管理，建设了“中国农村数据库”，实施“百村十年观察计划”，充分利用大数据，实时采集数据，进行社会问题的科学研究。最后，大数据科研管理平台为高校科研管理者提供智慧化管理手段。我国高校近3000所，其中，“985”“211”高校百余所，每个高校教师数千人，不同学科申请不同的课题，而课题项目重复度较高，不同学科间缺少交流；甚至有的科研工作人员换个相近题目、内容不变重复申报拿资助等管理乱象。这些问题在大数据统一共享平台建立下便无处遁形。2012年，中国科学院借助大数据技术，优化科研资源供应链，促进科研经费科学使用，为用户提供更加专业、更具个性的服务，不仅解决了科研腐败的问题，而且还成功解决了“采购难、核算难、监管难”等科研耗材管理工作中的难题。

4. 教育管理支持

高校要做到对师生统一、明晰化管理，基本要求是对全校数据一览无余。近几年，诸多高校进行了相关尝试，成效初显。

（1）复旦大学数据中心建设。复旦大学的大数据中心建设已走在我国高校前列，取得了一定的成效。从信息化建设初期，复旦大学就着手建设IMDC校园数据中心，走在全国高校前列。目前复旦大学数据中心拥有400多个虚拟运行环境，建立了统一数据库，实现了数据的共享，并建立了一套包括采集、存储、分析、计算、展现的完整数据建构。建立了包含面向师生的6个大类17个小类的主题数据展示系统，主要包括教职工信息统计、学生信息统计等人员信息类，文科科研数据分析、教师学术表现等科研类，研究生成绩分析、本科生生命周期数据分析等教学类，一卡通分析、图书馆客流分析等综合服务，宿舍使用情况统计等学生工作类，教育部高基报表等报表类等。复旦大学还建设个人数据中心，为师生提供不同于管理视角的服务，如，集中数据展示、数据填报、数据下载等，同时也简化以“人”为对象的数据化过程。在个人数据中心基础之上，建立校级的统一填报中心，师生可见所有基础数据，减少重复填报，高效利用数据。复旦大学曾对来自不同地区的学生进行数据分析，研究认为，学生成绩受不同地区基础教育发展状况的影响较大。复旦大学依托数据中心，通过“集数”“读数”“识数”，转向最终价值追求——“用数”，从而使教育管理决策更加智慧化和个性化、人性化。

（2）电子科技大学“学生画像”系统。国家教育事业发展“十三五”规划要求，“要鼓励学校利用大数据技术开展对教育教学活动和学生行为数据的收集、分析和反馈，为推动个性化学习和针对性教学提供支持。”我国高校在利用大数据促进个性化管理和科学决策方面是未来工作重点，这方面电子科技大学已进行尝试并取得较好效果。2015年，电子科技大学研发出一套“学生画像”大数据系统，通过一卡通追踪学生的行为轨迹，可以“算”出所有学生的学习、生活甚至情感状况。电子科技大学这套大数据系统已覆盖2万多本科生，研究表明：学生生活积极行为与学习效果密切正相关；就业能力与学习、生活质量密切正相关。利用这种大数据分析系统，理论上可以寻找“最孤独的人”“最奢侈的人”“最节俭的人”“最牛学霸”“最有效的求职者”等，高校学生教育管理可以实现有的放矢和对症下药，提高工作成效，体现人文关怀。这些优秀的智慧教育管理方案应对其他高校有启发意义，并得到推广应用。

（3）江苏省智慧就业系统。就业作为高校教育生命周期的最后环节，是对其他教育环节的考核，特别是就业率和就业满意度等关键指标，则是对一个国家和地区教学政策、学校教学质量和教学模式等的终极检验。充分利用“互联网+就业”新模式，建立精准就业服务机制，实现智慧就业和智慧招聘是人力资源市场发展的需要，也是以人为本、促进学生发展和社会和谐的需要。江苏省作为教育大省，提出“两个率先”率先实现现代化、率先实现全面小康。江苏省将智慧教育与智慧江苏相结合，全力打造智慧就业新业态。江苏省高校招生与就业指导服务中心2008年在全省高校推广“江苏省高校毕业生就业管理信息系统（网络版）”；2013年底与才立方软件公司合作，在双选活动中启动“智慧招聘”；2014年下半年提出“智慧就业”理念，与才立方软件公司联合推出“智慧就业服务平台”。智慧就业网设有用人单位、学生、高校、管理员四个入口，用户根据账户进入不同工作界面，搭建了用人单位与毕业生之间的桥梁，具有信息发布、就业创业指导、认证评估等复合功能。江苏省高校智慧就业平台的技术架构为：一个云端平台（统一的就业协作管理平台）；多个用户终端：就业APP、就业微信、就业网站。其技术优势在于人岗匹配、实时推送、行为分析、数据报表。截至2017年1月31日，共有139所高校使用江苏91Job智慧就业平台，加入省级智慧就业联盟。但是，91Job智慧就业平台与美国劳工部的就业数据应用系统“我想要的工作在哪里”http://www.where-are-the-jobs.com/app.php相比，仍有很多需要完善的地方。“where are the jobs?”及“一站式就业服务(www.careeronestop.org)”系统都是由美国国家级大数据平台，其资源共享度更高，教育数据、企业数据及社会保障数据等实现融合，通过对全美历年行业薪资、地区消费水平、教育培训、就业信息、失业保障等数据的整合、分析处理，从而为教育培训及查找就业信息提供一站式服务。这说明，实现求职信息的高质量、高匹配及服务内容的丰富性是未来网站建设的目标，需要我国高校要进一步整合校内外资源，挖掘教育系统内外部信息，建立信息关联，促进信息价值释放和利用，实现“大数据”名副其实的数量大和价值大。

（4）清华大学绿色校园建设。《教育信息化十年发展规划（2011–2020年）》提出，要建立“国家教育云服务模式”，以资源整合为手段，以云计算技术为支撑，探索资源配置与服务集约化的发展途径，构建成本相对较低、性能稳定可靠的国家教育云服务模式。国家教育公共云建设，包括云基础平台、云资源平台、云管理平台等平台建设；高校校园私有云建设，包括云化数据中心、云存储平台、云科研平台、桌面虚拟化平台、远程教育云平台、云应用平台、教育管理服务云平台等平台建设以云平台、云计算技术为支撑的高校数据中心建设，减少了电脑硬件费、电费、人员维护费，节省了空间，促进了学校教育管理效能提升，有利于绿色节能、可持续、可控可伸缩控制系统建设。清华大学 2010 年成立了信息化办公室，与慕华信息科技有限公司等公司合作建设教育云平台。“十二五”末，实现了无线网络全面覆盖、信息系统全面建成、基础数据全面共享，基本满足教学改革所需要的支撑、信息安全所需要的保障、各类用户所需要的服务。清华大学信息网络工程研究中心网络与信息安全实验室工程师姚星昆说：“引入‘戴尔综合化虚拟系统解决方案’，我们实验室的 IT 管理效率提升了 300%，机房总电力节省 20% 以上，系统总规模缩减 25%，维护负担减轻 70%~90%，节省机房空间 25%。”

二、我国高校大数据教育管理发展存在的问题

目前，我国高校教育管理正处于从信息化向智慧化演进过程中，虽然我国高校教育管理大数据平台建设取得了一定的成效，但也存在一些问题而必须予以高度重视，比如，高校的信息化建设参差不齐，高校管理层对大数据、云计算技术认识不足、重视不够等问题。在数据化浪潮中，谁能及时把握先机，谁便能占领竞争高地。我国各高校要在顶层设计、体制机制、技术研发和推广探索等方面进一步加大力度，要坚持“以人为本”理念和“绿色科技”的原则，推进数据资源的共建、共享和共用，从而使大数据技术真正成为促进学生全面发展、教育管理智慧化和学校内涵建设的利器。目前，高校大数据教育管理发展存在以下问题。

（一）缺乏系统规划

我国数据中心重复建设现象严重，这包括高校数据中心在内，是普遍存在的问题。截至 2013 年，国内规划建设数据中心 255 个中只有 173 个投入使用。255 个数据中心分布在 26 个省、自治区、直辖市。在 65 个超大型、大型数据中心中，一半以上位于或靠近能源充足、气候严寒的地区，有 12 个是以灾备为主要应用。我国各类数据中心的总量为 43 万个，可容纳服务器约 500 万台，整体容量是日本的 1/2，美国的 1/10，有很大扩容空间。但是，资源重复建设现象严重，调查近 50% 的认为存在“资源重复建设”。与此同时，我国数据中心一年的耗电量却是惊人的，堪比三峡水电站的年发电问题。这些问题在高校领导是同样存在的，目前，高校每个部门、单位、院系都是一个“独立王国”，各家都根据各自需求，建设有自己的 IT 系统，没有统一的系统，且存在成本、性

能、安全及能源管理等各种问题，这对高校教育管理带来极大挑战和不便。每个学校都有门户网站及职能部门、二级学院网站等几十个甚至上百个，一般来讲这些网站对服务器并没有很高的要求，但是都建立自己独立的物理服务器，付出昂贵的成本，这实际上导致资源的严重浪费。虽然高校也建立了 OA 系统、一卡通、教务管理系统、学生管理系统等，是以业务流为主导，各个系统互不兼容，信息之门闭塞。随着高校办学规模扩大、业务部门增多，学生往往要登陆多个管理系统、等待审批。甚至在系统运维升级时，也面临着新旧系统中仍然处于活动状态的业务处理尴尬局面，新旧系统同时运行，增加了工作人员工作。另外，各系统的不同步，对各种数据的精确统计会造成很大麻烦，教务系统有一个学生人数、就业部门也有一个学生人数，奖学金评定部门还有一个学生人数，各种数据之间不成形成关联和同步更新。最后，各部门各单位各院系建设的后台数据库，一旦发生数据变化，就可能造成旧数据的缺失，而在线开放课程建设方面，一些高校还在观望或消极等待，有的什么都想搞、什么都想抓，优势特色不明显，成果成效不突出。这一切问题的出现，究其根本原因都是顶层设计不足。建立一个流程化、可管理、可伸缩、高可靠、安全性、低成本、绿色节能的云化数据中心势在必行。大数据时代，高校管理者也需要加强数据素养和数据能力，这样才能对全校信息化建设具有统一论证及科学规划。由于国内教育信息化建设前期缺乏统一标准和统一规划，因此管理粗放，资源浪费严重，影响管理决策的准确性和针对性，建立基于教育云的统一教育管理平台，是大势所趋。因此，高校要加强大数据教育管理发展的统一规划，在高校教育管理系统建设中要引入数据流和业务流（工作流）理念，构建基于数据流的工作流信息系统开发模式，使数据在各个管理部门之间畅通流转。

（二）缺乏资金保障

据教育部科技发展中心 2015 年发布的调查结果显示，对 2012~2013 年数据平台（信息中心）建设经费投入情况，绝大多数学校认为学校的信息化投入还是比较高的，认为信息化投入很少的仅占 4% 左右。尽管如此，还是有 66% 左右的普通全日制高校和 63% 左右的高职高专院校认为制约信息化发展的主要问题是资金投入不足。相比较而言，“211”院校的信息化程度投入很高。运行与维护成本高，资金已经成为我国高校大数据教育管理发展的重要制约因素。学校受经费限制，基本采取自维护的方式，这既解决了部分资金不足问题，又培养了信息化人才。通过以网养网，保障运行经费，也已达成共识，但也带来了一些负面影响。有些高校已经尝试流量区分，对正常的教学科研活动实施免费，以消除负面作用。这种积极尝试，是一个良好的开端。当然，开放办学，大规模优质有偿 MOOC 应该也是高校增收的另一途径，这一切要求高校必须要有长远的眼光和战略的思维。当前，在我国高校大数据教育管理发展初期，有效的融资机制尚未形成之际，政府应担当起重要职能，加强对教育发展的宏观调控，加大对高校大数据教育管理建设的资金投入。高校也可以探索社会 BOT(Build-Operate-Transfer) 融资模式，PPP 融资模式（Public-Private Partnerships) 融资模式，将大数据教育管理中某些建设的资金和经营压力与社会力量分担，诸如网络、服务器、云平台及智慧宿舍等一些硬件建设项目，吸引社会企业、非营利机构或营利机构进入共建，到项目特许期或专营期满后，所有权和经营权转移给高校。

（三）缺乏法规体系

大数据平台建设及服务将成为未来高校发展的重要课题，那么随之而来的薄弱环节是维护的问题，而不是建设问题。由于错综复杂的人群及数据应用，高校大数据平台的安全与管理问题日益突出，这给高校带来了巨大的挑战。“成也萧何败也萧何”，安全问题也是大数据技术发展的最大障碍，建立安全管理体系是建设智慧校园的重要保障。各类安全技术和防护手段，诸如加密、身份验证、访问控制等，涉及三个方面的内容：实体安全、运行安全和信息安全。实体安全包括环境安全、设备安全等方面；运行安全包括风险估计、备份和恢复等方面；信息安全包括操作系统安全、数据库安全和网络安全等方面。一方面，我国大数据法治建设明显滞后，目前，规范网络技术和保护个人隐私的相关法律法规有《政府信息公开条例》《计算机信息网络国际联网安全保护管理办法》《互联网电子公告服务管理规定》《个人信用信息基础数据库管理暂行办法》《全国人民代表大会常务委员会关于维护互联网安全的决定》《个人信息保护法》等，这些法律已满足不了实践的需求，高校出现的诸多信息失范现象急需统一规范。另一方面，促进高校大数据教育管理发展法律不够完善。近几年，我国相关促进高校大数据教育管理的政策陆续出台：2013 年，教育部印发了《国家教育管理公共服务平台省级数据中心建设指南》；2015 年，教育部出台了《关于加强高等学校在线开放课程建设应用与管理的意见》，第一次以正式文件的形式明确了对 MOOCs 的支持态度，为 MOOCs 发展营造良好的政策环境；2016 年，教育部办公厅印发《教育信息化项目管理暂行办法》；2016 年，教育部牵头，充分发挥教育信息化专家小组智慧，计划完成《教育数据管理办法》的起草工作，以期对数据的采集、存储、共享和开放等方面作为规范。浙江省、安徽省等教育厅已在 2016 年制定了本省行政区域的教育数据管理办法。但是促进大数据技术发展和保护隐私的规定散落在一些法律条款中的，已无法适应尊严与权利的要求，用于规范、界定“数据主权”、数据安全管理的相关法律缺失，用于促进数据发展的激励法律缺乏。数据所有权、隐私权是高校大数据教育管理发展中不能回避的问题，这些相关支持体系尚不完善。

（四）缺乏专业支撑

市场巨大、人才缺乏分别是我国大数据发展面临的最大优势和最大劣势。目前大数据产业炙手可热，无论国内国外，学术界与企业界之间的人才竞争都非常激烈。并且，我国目前还没有建立有利于大数据人才脱颖而出的培养机制。“本来我国教育界、科技界的人才就缺乏，而在大数据领域，统计、机械学习等相比而言更弱，所以这个问题需要引起重视。”中科院院士鄂维南说。我国在校用户和技术支撑人员比例较低，接近 80% 的“211”高校在主管全校信息化建设和规划工作的部门中都拥有 16 人以上的专业技术人员，有超过 50% 的普通高校的专业技术人员在 16 人以上，而 70% 的高职高专院校专业技术人员数量不足 16 人。并且，真正懂技术的专业人才缺乏，而管理人员过多，使得各高校信息化建设人才队伍结构不够合理。美国高校的 IT 部门人员均超过 300 人，大部分达到了 100:1 以下，而我国“211”高校平均服务人数低于 500 的仅有 28.57%，平均服务 500 人以上的“211”高校超过 50%，而一般院校、高职高专院校平均服务人数 500 人以上的近 60%、50%。高校信息技术人员中以拥有本科和硕士学位的人员较多，中级职称较多，但拥有博士学位比例呈下降趋势。高校数据中心建设需要一支技术过硬、分工明确、精干高效，且能够处理应急事故的复合应用型人才队伍，这关乎数据中心建设能否顺利开展。目前，全国有近百所高校设有信息安全本科专业，信息技术人才培养走上专业化道路。但是信息技术、信息安全及大数据应用方面的人才仍然供不应求。以目前年培养网络安全人才不足 1.5 万人的现状看，到 2020 年，远远不能满足 140 万人的网络安全人才需求，尤其缺少具备实战对抗能力的安全人才。大数据人才包括数据项目管理人才和数据分析人才，目前大数据人才更是缺乏，我国高校 2016 年开始设置大数据专业并培养人才。

（五）缺乏共享机制

据国家信息中心和南海大数据应用研究院联合发布的《2017 中国大数据发展报告》显示，2016 年各地政府投资大数据项目数量整体呈上升趋势，但是七成以上是大数据平台和基础设施建设，应用层面的软件开发不到 5%，呈现“重建设，轻应用”问题（表 2-2）。同样，这些问题也在高校教育管理中存在。高校大数据发展三个阶段：管理为主利用为辅，管理与利用并重，管理为辅利用为主，现在仍处于第一阶段，普遍存在“重建设轻利用”的问题。从高校教育管理现状看，现有业务应用系统大多独立存在，系统间难以实现数据共享与交换，海量数据得不到科学管理和有效整合。原因是高校缺少统筹谋划，各教育管理部门在建设自己的信息管理系统时各自为政，使用的软件系统和数据标准都不统一，形成一个个信息孤岛。据计世资讯调查显示，我国大约有 80% 的数据中心闲置，一整天中大约 15% 的处理周期在进行工作（包括高校数据中心），而 Google 的在线应用的数据中心 CPU 利用率只有 30%。相对来说，科研信息化最突出的问题就是科研数据的共享问题。据教育部 2015 年发布的《高等教育信息化发展研究报告》显示，我国高校科研信息系统建设较为落后，只有 20% 的高校建立科研知识共享平台，26% 建立科研项目交流平台，也是在教育部大型仪器共享政策的引领下，也才有 42% 的高校建立了仪器设备开放共享服务使用网络化信息管理系统。当然，从 2012 年开始，武汉大学、厦门大学、复旦大学等在内的一批知名高校开始重视数据的深度分析和应用。比如，武汉大学建成了网格系统与高性能计算系统，正在进行物联网实验室与仿真实验室的建设，未来将以 DragonLab 学科研究与科研创新平台为基础，对校内外实行教学资源的全面开放；华东师范大学利用预警系统跟踪学生的餐饮消费数据，分析学生是否有经济困难，是否需要帮助。数据的分析利用才是数据中心存在的价值，虽然大数据资源的建设取得了一定的成绩，但是离重视建设到应用驱动、建以致用还需进一步突破(图2-1)。

表 2–2　国内主要大数据中心资源共享率情况

序　号	大数据园区名称	数据共享率 / %
1	北京亦庄大数据基地	20
2	上海大数据新区	22
3	湖北宜昌大数据园区	18
4	重庆仙桃数据谷	18
5	黑龙江哈尔滨数谷	18
6	新疆乌鲁木齐大数据园区	18
7	陕西沣西新城	20
8	河北秦皇岛数谷	22
9	江苏苏州声谷	21
10	江苏扬州开发新区	20
11	江苏南京鼓楼紫金科创特区	18
12	江苏南京大数据产业基地	18
13	江苏南京浦口经济开发区	18
14	江苏昆山高新区	20
15	江苏常州新区	19

续表 2-2

序　号	大数据园区名称	数据共享率 / %
16	浙江宁波海曙大数据园区	22
17	浙江东阳江北高新产业园区	19
18	广东深圳大数据园区	25
19	广东广州超算中心	25
20	广东汕头南山湾	20
21	广东东莞高新区	19
22	广东南海经济开发区	18
23	福建泉州大数据园区	18
24	福建氐乐大数据	20
25	福建厦门大数据研究服务基地	20
26	天津滨海新区	20
27	四川成都天府新区	18
28	四川绵阳大数据新区	20
29	四川峨眉山区域旅游数据中心	20
30	贵州贵阳高新区	25
31	甘肃兰州新区	20
32	河北石家庄中国光纤产业园	18
33	河北承德市高新区	18
34	山东济南智慧旅游大数据基地	18
35	山东青岛青西新区	18
36	广西南宁大数据科技企业孵化产业园	18
37	内蒙古鄂尔多斯大数据物流产业园	18
38	内蒙古浩特市云计算与大数据产业	31
39	河南洛阳炎黄科技园	18
40	河南郑州空港区大数据基地	18
41	安徽合肥蜀山开发区	18

续表 2-2

序　号	大数据园区名称	数据共享率 / %
42	山西太原金融入数据园区	18
43	宁夏银川滨河新区转慧银川数据中心	20
44	辽宁大连沙河口大数据处理中心	18
45	湖北武汉光谷大数据产业基地	20
46	湖南郴州东江数谷	18
47	湖南长沙中部智谷产业园	18
48	江西南昌大数据新区	18

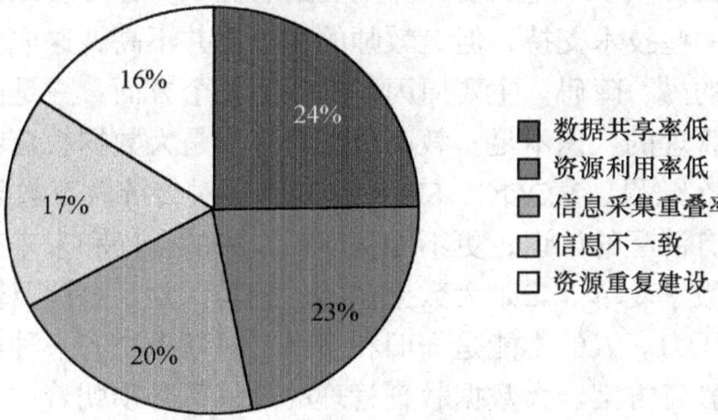

图 2-1　我国大数据园区建设存在的问题

（六）缺乏协同创新

当前高校大数据教育管理发展还存在校企深度合作不足的问题，大数据应用产品缺乏，活跃的企业不多，比如，华为与 85% 以上的“211”高校合作建设智慧校园。其次，成熟的教育软件不多，校企合力不足。目前我国高校信息技术软件应用系统建设模式主要有：购买成套产品、学校主导与开发商合作共同研发；用外包系统，很多定制；用外包系统，很少定制。其中，购买成套产品占大多数。我国高校教育管理软件不够成熟，由于企业擅长技术而短于业务，而高校擅长业务却短于技术，二者研发合力不强。因此，在系统实施过程中，技术企业要根据高校具体业务要求进行定制化开发，针对教育软件用户在教育实践中的痛点，研究急需改革和解决的问题根源。当然，更提倡高校相关专业教师发挥熟悉业务、了解实践需求的优势，自主开发研究系统。最后，还存在优秀智慧教育方案推广不足的问题。相比国际发达国家智慧教育，我国智慧教育起步较晚，智慧教育技术研发效能与觉醒程度及创新实力正相关，推广应用效能与观念解放及技术运用能力正相关。“好酒也怕巷子深”，缺乏有效的宣传，导致优秀的高校教育智慧设备、教学资源和智慧应用方案得不到广泛运用。借鉴支付宝、滴滴打车、百度云等商业软件的宣传推广策略,智慧教育解决方案的宣传策略应更多注重体验性，营销策略及盈利模式更应注重分步有偿化或“貌似免费”法，技术策略更应注重简单化与融通化，即平台功能丰富、融通，软件使用简单易学。当然，智慧教育理念深入人心、智慧教育技术的“教技合一”必定是一个长期过程,通过有效的宣传和推广，可以将这个过程的时间变短。

（七）缺乏有效激励

高校大数据教育管理的发展在教师中存在一些阻力，虽然我国多数高校为数字化教学资源建设提供了一定额度的资金奖励、提供资源开发工具、提供资源开发的相关培训和一些技术支持，但是教师的积极性并不高，这成为我国高校大数据教育管理发展的另一障碍。主要原因包括以下几个方面：一是高校教职员工对高校大数据教育管理的认识不足。教职员工对什么是大数据教育管理，大数据教育管理会带来什么效果、MOOC、SPOC、微课等对传统教育教学改革有什么意义等问题，并没有清醒的认识，更不能从学校发展的全局和未来教育发展的趋势出发而采取教育教学变革。二是大数据技术、翻转课堂、慕课及微课等新技术群给教师带来学习压力。人的本能是守旧和惰性，对新事物有一种本能的抗拒。因此，智慧教育的教育方案、大数据教育管理的软件等必须朝着“方便、简单、智能”等方面发展，这样才能从技术使用的简单易用方面占领市场、赢得用户。三是大数据教育管理的优势并未充分显现。特别是在大数据资源建设初期，大量的数据输入和管理工作，似乎遮蔽了大数据技术使用在后期会产生的种种“好”，这种“近视”现象也是高校大数据教育管理阻力产生的根源之一。当然，面对数据原居民的大学生，作为数据移民的教师需要勇气向“旧我”挑战和超越，只有顺应时代发展和教育改革潮流，提高自身数据素养和信息素养，才能在数据时代创造新的成绩和发展。

三、大数据技术应用于高校教育管理的具体情况

高校的主要任务是培养更多适应社会的发展的人才。所以学校的教学、教师、科研和管理都要紧紧围绕人才培养的任务。然而，传统的教育模式主要是基于先验教育，不注重学生个性的培养。同时，国内高校之间存在着很大的差距，学生和教师的数量并不是很协调。常见的课堂教学模式，教师很难全面、深刻地了解学生的实际学习状态。在大数据时代，大数据技术在高等教育管理中的应用可以

大大提高高等教育质量。美国教育部已采取的教育数据挖掘，和其他大数据技术的分析研究，发现教师通过大数据技术可以更好地、更全面地了解学生的学习过程，然后总结出最佳的教学方法和教学秩序，及时发现问题，并采取有效干预的有效措施，及时为学生提供个性化的学习服务。学校管理决策也可以利用大数据技术，起到重要的激励和支持决策的作用。大数据可以在数据与数据之间的关联规则中找到，而不是证明规则，主要值是每个厂商发现的内在性能数据，以此来开发大数据应用思想，为决策提供一些指导。

第一，服务对象。学校可以建立广泛的师生服务体系，并应尽量消除信息孤岛效应，建立系统的数据分析中心。建立统一的数据中心，发展信息共享机制是推动大数据发展的重要基础。动态的数据形式，要时刻关注师生日常学习、内部生活和学校各部门的管理，明确数据趋势，为学校制定管理政策提供科学可靠的数据。

第二，校园环境。目前，高校已经开始开展校园信息化建设，可以在校园内建立感知终端，实现物联网。例如，图书馆借阅系统、校园门禁系统和校园一卡通终端数据可以为学生开展学校各项活动提供重要依据。此外，我们可以观察和分析数据的变化趋势，掌握整体的发展规律。

第三，数据仓库。大数据时代，大部分数据事先不确定。数据仓库能够更好地处理和分析数据，以适应时代的需要。

第四，云计算。云计算结合了负载均衡、虚拟化、分布式计算、网络存储等技术，能够更好地满足大数据存储和计算的要求，也能更好地保证数据的安全性。

第二节　我国高校大数据教育管理的信息化背景

我国教育信息化历经了十余年的发展，通过“985 工程”“211 工程”“西部大学校园网”“校校通”以及“面向 21 世纪的教育振兴计划”等一系列的重大工程建设，有力推动了高校教育管理信息化进程和创新改革进程。自《国家中长期教育改革和发展规划纲要》发布以来，我国教育信息化建设成效显著，在顶层设计、资金投入、基础设施建设、学科建设及制度建设等方面取得了一定进展。我国教育信息化经过了“整合—融合—深度融合”的阶段，目前正迈向“融合创新”新阶段。

一、教育信息化战略地位得以确立

在我国教育信息化发展历程中，几个影响较大的事件是：2010 年发布《国家中长期教育改革与发展规划纲要》，并指出“信息技术革命对教育发展具有革命性影响，必须予以高度重视”；2012 年出台《教育信息化十年发展规划（2011–2020 年）》，提出“中国数字教育 2020 行动计划”，重点建设优质数字资源共享，衔接各级各类教育管理信息系统与基础数据库，实现系统互联与数据互通，建设纵向贯通、横向关联的教育管理信息化体系；2012 年召开第一次全国教育信息化电视电话会并发布教育“三通两平台”；2013 年启动教师信息技术应用提升工程；2014 年实施“一师一优课、一课一名师”；2015 年举办国际教育信息化大会并举行全国教育信息化电视电话会第二次会议；2016 年教育信息化“十三五”规划提出校园 CIO，信息化从支持教育教学融合向育人全过程。一系列规划的制定和实施，显示我国教育信息化的战略地位得以确立。

二、学校网络教学环境建设明显改善

一是“教学点数字教育资源全覆盖”项目取得重要进展。我国广大城市和农村地区的六万多所教学点的数字资源覆盖率达到百分之百，教学点在数字教学设备建设、数字资源传送和利用数字资源教学上取得了一定突破。二是“宽带网络校校通”快速推进。各级各类学校互联网全覆盖的目标基本实现，安装并使用宽带的教学点占总数的百分之五十以上。到 2016 年 9 月，京、沪、苏、浙等省市已率先达到百分之百因特网接入教学点，这些地区的教学点在多媒体教室配备上也率先实现了全覆盖。三是优质资源匮乏局面明显改观。“优质资源班班通”计划将教育优质资源分享到每一个教学单位中的每一个教学班级之中，实现教学优质资源共享，也取得了十分显著的成绩。教育信息化背景下的职业教育体系中，建成了 56 个网络专业教学数字资源中心，国家层面的开放式大学建立了为继续教育服务的在线资源 3 万多个、课程总量达到 60 多个太字节。四是“网络学习空间人人通”实现新跨越。全国已有超过 30% 的学校开通了网络学习空间，建设了国家开放大学远程开放教育云平台，以开放教育为特色的国家开放大学（The Open University of China）实行远程教育开放式的云端课堂，提供 60 门核心课程和 50 门通识课程，数字教材达到 50 种，并在网络媒体上进行推广，促进了教育理念变革和模式创新。五是教育云服务体系初步建立，这一云平台将全国 20 多个省级教育优质课平台、企业教育云服务平台等整合起来，形成了校际之间、企业之间、校企之间并联发展的良好态势。

三、国家教育资源云服务体系初具规模

教育部、财政部和工信部协同建设，“两级建设、五级应用”（教育部、省教育厅两级建设，国家、省、地市、区县和高校五级运用）的信息资源格局业已

形成，国家级数据中心基本建成，省级数据中心建设快速推进，建成了支撑学生、教师、学校等核心业务管理的29个信息系统及各类基础数据库。基本实现了校、师、生在管理上的“一所学校对应一个编码，一个学生对应一个号码”的信息录入，教育管理信息系统建设与应用体系已经覆盖全国并日臻完善。到2015年3月，省级教育数据中心22个省份已部分建成、3个省份正建设实施、4个省份进行设备招标采购、3个省份尚未开展建设。在教育部《2017年教育信息化工作要点》中明确指出国家层面的平台同省、市级平台及企业平台对接，扩大公共服务体系的用户范围，实现全国200万个班级共同享受到教育优质资源。利用云技术促进我国高校教育管理的转型升级，已势在必行。

四、教育信息化投资规模不断增长

《国家教育事业发展第十二个五年规划》和《教育信息化十年发展规划（2011–2020年）》的出台，为教育事业发展确立了明确的建设目标，并为教育信息化经费投入提供了稳定增长的保障。2012年以来，我国财政性教育经费占国内生产总值比例持续保持在4%以上。计世资讯（CCW Research)研究显示，2013年至2016年，我国教育行业信息化投资规模、教育行业云计算投资规模均呈直线上升趋势。

五、大数据研究机构层出不穷

国家及省市纷纷成立大数据联盟、大数据产业联盟、大数据教育联盟、首席数据官联盟、大数据研究院，把大数据元科学及相关科学、人才培养等作为研究对象，以使大数据技术更好地促进教育及各产业、行业和社会生活的变革。国家层面的大数据研究机构，如中国大数据研究中心（重庆）、中国教育大数据研究院（山东曲阜大学）。一些地方政府、高校和企业也纷纷建立教育大数据研究机构（表2-3），如2014年成立的清华-青岛数据科学研究院，旨在服务国家战略（政），推动产业发展（产），培养领军人才（学），引领一流科研（研）；2015年成立的北京大数据研究院是国内首个整合了政府、大学和市场三方面资源的大数据研究机构，拟用五到十年的时间，建成国际一流的大数据教育、科研创新和产业化平台；清华大学2016年与一拍科技有限公司合作成立了虚拟现实技术实验室，与伟壮控股公司合作成立了大数据云计算研究中心；南京邮电大学2015年与盐城城南新区管委会合作，成立了盐城大数据研究院，旨在成为盐城发展大数据产业的智库、政府决策的智囊、大数据人才的培养基地和大数据相关产业的孵化基地。也有企业成立自己的数据分析研究中心，比如，腾讯、阿里、百度数据研究等，致力于通过数据分析和研究，提高产品和服务质量。还有专门领域的数据研究院，如工信海威-敬众航旅大数据研究中心等。

表 2–3　大数据联盟（研究院）名单

序号	类　型	名　称	时　间
1	产业联盟	中关村大数据产业联盟	2012.12
2	产业联盟	山东省大数据产业技术创新战略联盟	2013.05
3	产业联盟	陕西省大数据产业联盟	2014.05
4	产业联盟	中国工业大数据创新发展联盟	2015.06
5	产业联盟	东北大数据产业联盟	2015.11
6	产业联盟	黑龙江省大数据产业联盟	2015.12
7	产业联盟	华南大数据产业联盟	2016.01
8	产业联盟	工业大数据产业发展联盟	2016.03
9	产业联盟	中国光谷大数据产业联盟（暨长江大数据研究院）	2016.07
10	技术联盟	广东省大数据技术联盟	2013.11
11	大数据联盟	江苏大数据联盟	2016.04
12	大数据联盟	上海大数据发展联盟	2016.10
13	数据官联盟	首席数据官联盟	2015.09
14	教育联盟	全国高校大数据教育联盟	2016.07
15	教育联盟	中国教育大数据研究院（山东曲阜师范大学）	2015.09
16	云计算联盟	广东省云计算联盟	2015.04
17	研究机构	百度数据研究中心	2006.12
18	研究机构	中国科学院虚拟经济与数据科学研究中心	2007.09
19	研究机构	腾讯研究院	2007.10
20	研究机构	华东师范大学云计算和大数据研究中心	2012.06
21	研究机构	东南大学 -IBM 云计算联合研究中心	2012.12
22	研究机构	清华 - 青岛数据科学研究院	2014.04
23	研究机构	贵州省大数据产业研究院	2014.05

续表 2-3

序号	类　型	名　称	时　间
24	研究机构	电子科技大学大数据研究	2014.07
25	研究机构	中国大数据研究中心（重庆）	2014.12
26	研究机构	中南大学信息安全与大数据研究院	2015.03
27	研究机构	南京邮电大学盐城大数据研究院	2015.03
28	研究机构	贵阳“千人专家”大数据研究院	2015.05
29	研究机构	阿里数据经济研究中心	2015.06
30	研究机构	北京大数据研究院	2015.08
31	研究机构	清华大学数据科学研究院工业大数据研究中心	2015.10
32	研究机构	浙江大学大数据技术联合研究中心	2015.11
33	研究机构	复旦大学大数据研究院	2015.12
34	研究机构	人民大学大数据研究院	2015.12
35	研究机构	清华数据科学研究院一智慧城市大数据研究中心	2015.12
36	研究机构	西南财经大学大数据研究中心	2016.01
37	研究机构	云南大学大数据研究院	2016.02
38	研究机构	天津大学大数据研究院	2016.05
39	研究机构	山西大学大数据研究院	2016.12
40	研究机构	山西大学大数据科学与产业研究院	2016.12
41	研究机构	大数据试验场联盟	2016.12
42	研究机构	上海市大数据技术与应用创新中心	2016.12
43	研究机构	工信海威 - 敬众航旅大数据研究中心	2017.01
44	研究机构	西部大数据前沿应用研究院	2017.01
45	研究机构	太原理工大学大数据研究院	2017.01

从表中可以看出，近几年，我国成立的产业联盟、研究机构尤众，经济大数据研究机构，以 BAT(百度、阿里、腾讯) 互联网三巨头领跑；地方政府牵头成立的产业数据联盟集中在北、上、广、黔等地；高校成立的大数据学院和大数据研究院不断增加：数据官联盟等数据人才联盟已经出现。

六、学科专业建设规划开始实施推进

随着互联网及大数据技术的发展，相关学科专业建设显得尤为重要。我国已加大大数据相关专业学科的建设：2015 年国家成立了网络空间安全一级学科：2016 年初，国务院学位委员会正式下发《国务院学位委员会关于同意增列网络空间安全一级学科博士学位授权点的通知》，共有 29 所高校获得网络空间安全一级学科博士学位授权点。我国高校也根据国家法律法规及相关政策，加大数据人才培养及相关专业建设。如，电子科技大学 2015 年 7 月成立网络空间安全学院，2016 年正式招收博士生，包括网络与数据安全、安全通信、电磁空间安全、密码理论与应用算法及云计算与大数据安全五个研究方向。学科的建立，对资源的汇聚带来正效应。四川大学作为首批国家网络安全人才培养基地，其获得网络安全人才培养专项基金，在中央网信办的支持下，启动金额达 1000 万元。另外，大数据科学与技术专业人才的培养也拉开序幕，教育部 2016 年批准北京大学、对外经济贸易大学、中南大学等成为第一批新增“数据科学与大数据技术”本科新专业的高校。

七、教育产品全生态发展局面基本形成

在教育信息化背景下，教育与经济的结合越来越密切，以提供互联网教育服务为经营内容的公司层出不穷,通过互联网接受职业专门教育的群体也不断庞大,以至于投资企业将互联网教育市场作为未来投资的重点领域。平均每天产生近 3 家在线教育公司，有机构预测，2017 年中国在线教育市场规模将达 1733.9 亿元，用户 1.2 亿人。互联网正提供越来越丰富的教育产品，呈现进入教育教学核心业务并支持创新的态势，基本形成全生态发展的局面：题库类 + 辅导班 + 教学平台 + 新型教学资源 + 在线课堂 + 混合学习。颇具规模和影响力的在线教育产品包括淘宝教育、腾讯课堂、百度传课、学乐云教学、网易的“有道在线教育平台”、欢聚时代的“100 教育”、轻轻家教、跟谁学、一起作业网、智库网、超级课程表、51talk、DaDaabc、跟谁学、作业盒子、尔雅选修课、视像中国和盒子鱼等。除此以外，当然还有很多颇具影响力的教育服务商，如超星、沪江网校、多贝、微课网、粉笔网、第九课堂、爱班网、91 外教等。

第三节 大数据时代对高校教育管理的创新

一、大数据时代对高校教育管理的理念与思维进行创新

在传统的教育模式发展的教学材料通常是一些教师通过自己的教学经验材料开发一个更主观的研究项目，但也有很大的局限性，国民教育效果的反应是无法完整真实的统计数据，所以传统的模式受到发展的限制。大数据时代正在彻底改变这种现状，首先在大数据时代，我们通过网络调查和统计，可以非常迅速地对现有的材料进行处理，通过这种方式我们可以找出教材的优缺点，在最短的时间内，这些优点和缺点往往更客观，没有太多的主观意识。事实上，教材编写的大数据只是一个副作用，对高校教育管理大数据，既为学生经常进入的统计误差，或为每个教室教育统计的影响，在思想和根本改变整个教育管理思想。

二、大数据时代对高校教育模式进行了创新

在传统的高校教学虽然大多数的大学课程是开放的，允许非专业的学生参加，但这种模式仍然是教学资源集中，大学教育资源只能集中在大学，其他大学和社会无法传播。但在大数据时代，将根本改变这种集中教学模式，教师可以通过网络将自己的课程上传到网络，使网络中的学生，一方面可以让学生反复聆听加深印象，把握重点；另一方面，网络教学所面临的受众更广泛，在大学或其他大学的学生和社会人员讲课，所以教育不再局限于大学。现在网络教学的模式，实际上已经有不少，例如，目前流行的 MOOC 优质教学资源，以便在一般大学的学生也可以享受一流的大学教学资源。MOOC 是对我国的教学资源不平衡的一个很好的改进，它除了其他在线教学的优势外还有自身独特的优势。事实上，网络教学模式在高等教育大数据和管理时代产生的影响是深远的，它不仅要继续发展以及应用到传统课堂教育管理模式，还要把关注点放在网络教学方面，以保证良好的教学效果。

三、大数据时代对高校教育的评价模式进行了创新

教育评价是高校教育体系建设当中的一项重要内容，在优化高校教育管理，提升教育质量等方面，发挥着不可替代的作用。为了从根本上优化教育评价模式，有效适应大数据时代的要求，就要积极将大数据应用到教育评价模式构建当中，

借助大数据手段完成教学评价研究，为教育综合水平的优化提高提供根据与支持。大数据时代让传统教育评价发生了彻底变革，使得教育评价不再拥有过多的主观色彩以及经验之谈，变成了拥有客观现代科技为支持力量的客观评价模式。这样不仅仅能够有效获取不同教学平台当中的数据信息，获知学生对不同导师课程的点击量，还可以借助活跃度调查的方式完成对教育整体的评价，保证评价活动在客观数据支持之下提升质量。

第四节　高校教育管理信息化创新面临的挑战

信息革命给人们的生活带来好处的同时，但不能否认的是，它也会引发一些负面影响，不能根除。有关信息的所有问题不能指望全都解决，亦不能把信息作为洪水猛兽。技术对教育管理的深刻影响还有教育对技术的负面影响，这都是我们应该深刻思索的问题。

一、教育管理信息缺乏实证性

当今信息技术带来的很是大的，十分容易得到的信息量，使得许多人不再热衷于调查。一些管理者为图便捷忽视实际调查的同时直接从互联网上下载其他机构的规章制度，这在教育管理规章制度施行中很常见。在有限的信息技术知识只供给我们有关“何时”“何地”“何事”的“硬性信息”的条件下，如若只考虑我们的结果，却不能给我们带来思索及处理问题的方法，这是不够的。若是信息技术没办法与现实相呼应，只能是生硬的、无活力的应用。所以，在现代信息技术的撑持下，信息和实践相结合是教育管理中必须特别注意的问题。

二、信息安全与保密是教育管理信息中的重大问题

教师、学生、课程、学籍、教材、教学、教学网站之类的信息等组成了教育管理信息。在现代信息技术的依托下，特别在于教育管理中的信息系统，因其能开放和互动，在复杂的程序下，信息和教育管理系统自身的弱点和疏漏使得信息极其可能被随意取出，复制和拦截的问题在存储和传输过程中十分常见，导致信息泄漏，有安全隐患。虽然建立了访问，具有一定的权限，但有一些机密信息将被窃取或篡改（如黑客）。如其他电脑程序一样，计算机病毒的攻击对教育管理系统来说也是极其有害的，如若系统瘫痪，学校范围内的教学将难于惊醒，由此带来的损失将是巨大的。

三、教育管理信息的零散及不对称问题

信息时代的进步给人类太多的信息，但是较之于太少的信息，这也是一个阻碍。文化的浓缩是电子媒体带来的特色功能，然而随之而来的文化的碎片化确是人们的一种障碍。如今在单位时间内人们得到信息很容易，这是由于信息技术日益发达的传递和处理带来的。教育管理人员拥有如此繁杂的信息，在选择时很可能错乱，特别是令人模糊的内容出现时，像是各种混淆视听的信息，这样就使得判断产生困难，管理或决策也容易有很大的问题。由此信息在传播时也导致了新的信息匮乏。

信息不对称理论是由诺贝尔经济学奖获得者詹姆斯·莫里斯 (James Mirlees) 和威廉·维克瑞 (William Vickrey) 在 1996 年提出的，主要是由于参与人对信息的了解和掌握是有差异的，双方拥有的信息不对等，由此在经济活动中，就出现了不对称信息下的交易关系和契约安排的经济理论。信息不对称理论提供的有新意的视角是可以用于教育领域的。

在信息时期背景下，在高校来说，学校这个整体在和学生、教师之间、师生之间以及教师相互作用中的内在关系，也存在着信息不对称的表象。尤其是基于教育管理现象中的信息不对称。教学和管理中信息化在学生和教师两方面各自水平要求是有所不同的，像是对计算机操作技能的不同的要求的水平，只有在网站信息发布学校的教育管理部门，忽略了对象本身，很难保证教育的公平性。对于教师教学质量的评价，在收集学生网上反馈时，教师可能过于严格，因此学生去进行评价时就会有多方面因素的影响因而比较随意。倘若教师的教学质量只取决于学生单方面去进行评价的话，这样可能不会促进好的教师，并且还会让有些不负责任的教师更加散漫，这样产生的教学质量评价也就不会具有一定的效用了。

四、教育管理人员的总的素质水平很可能降低

因为信息技术的限制，垄断信息来源和程序等形式，致使了信息的系统化、规范化、程序化，这样做不仅可以造成直接和片面，也让人们毫不费力地去直线反应，使得行为僵硬、呆板。管理者很大程度上依靠信息技术的话，就会失去独立探索问题的能力，还会脱离实际。以上行为会对教育管理者综合素质的发展产生不利影响。

五、高校教育管理信息化中产生的问题

（一）管理观念和体制滞后问题

高校教育管理信息化经过了多年的实行，而具体到实施过程的话，太多高校

仍然把精力投入到主要建筑和硬件平台，而忽略了现代、高效和智能化的教育管理理念、教育管理的理解教育管理严重滞后，管理的概念、理论，还是习惯于传统的教学模式，管理模式没有与时俱进。主要在于高校决策部门没有发挥作用，且有关制度不健全，没有专门的职能人员的设置。

（二）没有全面深入的认识

在教学信息管理方面，高校对于它的重视程度不尽相同，但是问题却是有的，一是了解的程度，还有就是相应的规划和机制没有建立以及完善，没有给予足够的重视。另外一些高校忽视教育管理的核心任务，重管理教学；在机构设置上方面，人员配备的问题没有得到解决，没有相应的信息和科学的施工队伍，落后的思想，在复杂和混乱的局面，仍有大量的工作，目前还不能有效的应用信息技术，管理方面也不健全。

（三）信息资源建设跟不上时代发展的问题

教育管理信息化的基础主要是对信息资源的有力建设，然而信息资源建设在我国很落后。一是缺乏强有力的教育行政部门的指导和协调。二是高校之间没有沟通，也没有基本的出发点去统一，去相互支持建设。三是学校内部各部门之间很少进行沟通协作。管理的分离，使得教育管理的数据共享无法得到充分实现，由此使各部分之间脱节，产生了很多不必要的行为，也使得数据的准确性问题大大降低；这样分散的部门各自对管理信息系统进行关于本部门的工作安排，使得数据被多次采集，增加了工作的负担，且使学校整体的工作没有得到有效的改进，还浪费了人力。

（四）信息资源的建设不够规范的问题

教育管理信息化最主要的还是进行信息资源的发展，开发和建设信息资源是教育管理信息化建设的基础，同时也需要不断地进行探索才能有所发展。信息资源的标准化问题在整个教育管理信息系统中起着关键作用。信息的编码规则是不是实用、直观，能被广泛应用，它的前瞻性又能不能和现在及未来的教育管理模式相适应，这都需要加以考虑。采集数据时，要把握数据的精确性，用科学的方法得到科学的数据结果。只有把信息技术和教学信息资源展开深层次的融合，发挥二者在互相促进与互相补充方面的作用，才可以打造完善化的教育管理信息系统，因为系统运作创造良好条件。

（五）教育管理信息系统的开发问题

教育管理信息系统属于支撑和实行多校区远程教育管理的核心软件。它作为一个复杂的项目，需大量资金投入，能涵盖很多区域，功能很强大，同时对技术的要求很高，需要长期开发才能实现。在开发的过程中，软件编程和代码编写都要求专业的人才并有大量经验，同时了解教育管理，具备教育管理经验，还应具备软件开发的条件和机制。事实上，对于普通高校来说，宜采取引进与购买两种发展相结合的方式。利用这样的方式能够明显提升软件开发效率，减少成本耗费，二者开发的重要依据是学校实际管理特征与个性化管理需要。

（六）教育管理制度的定位问题

普通高校尤其是成立时间并不长的高校，教育管理体制确定的是学年制，假如完全实行学分制的直接飞越，会让广大师生因为无法适应新管理，而产生一系列的问题。所以在教育管理制度的定位和选择方面，一定要循序渐进，不能一下子到学分制，而是向着学分制过渡，考虑到师生的管理适应度。

（七）教育管理队伍的建设问题

教育管理信息化是对技术和各方面要求极高的一项工作内容，也因而提高了对教育管理人员的素质要求。因为教育管理者与教育质量和信息化建设存在着不可分割的关系，只有促使他们树立现代化的教育观念，有效积累获取多元化管理知识，并且懂得去创新，才能够真正掌握信息化技术，进而为管理信息系统的构建作出突出贡献。所以我们可以说，教育管理者一定是拥有极高综合素质的管理型人才。所以，高校除了要在软件和硬件建设方面加大工作力度之外，还要加大对教育管理者的教育培训，不断提高他们的实际应用能力，培养信息素养，丰富他们信息技术知识技能。再有，信息管理的制度要健全，特别是考核和奖惩制度，这些制度只有科学规范了，才可以激励和促进信息管理队伍的发展。

（八）ICT 与教育管理融合不和谐

目前，高校教育管理信息化仍在不断的探索，仅从单纯的信息和通信技术的研究和探讨，对教育教学指导法不足，仅从单纯的管理理论和教育教学的规律，研究 ICT 支持缺乏。主要表现在以下几个方面：

（1）高校教育管理实践在发展中，矛盾体现在两方面：一方面，继承传统的教育管理模式，应对新的问题和产生的新技术，在新形势下由于固有的传统的思维样式，且没有与时俱进的理论与思想的指引，不知所措；另一方面，信息技术已应用于教学和教育管理，但应用不理想，管理效率低下的现象仍然十分严重，资源浪费现象还普遍存在。

（2）对统一规划和协调，在教育信息化发展方面还存在着很大的不足，宏观层面无法从学校和高等教育教育管理系统、应用平台等方面完全利用信息资源，更无法实现资源共享，这样使管理的效率有很大程度的下降。

（3）由于信息的标准化不够统一，因而我国教育软件业开发出来的产品各有不同，使极多的信息各自孤立，极难完全得到应用。

（4）ICT 和教育教育管理的共融还难以实现。怎样使软件输出的资料适应教育教学基本规律以及使现代教育中管理的理论与应用系统有效结合，让人性化管理和个性化服务的特点得以实现，是教育界和 ICT 界急需解决的问题。

第三章　新时期高校学生管理工作探析

第一节　高校事务管理机制

当今的世界，是经济知识快速发展的世界。各个国家综合国力的竞争、科学技术的竞争本质上就是教育与人才的竞争。高等学校肩负着培养我国高层次专业人才的重任，而其中高校学生事务管理工作是高等学校的建设中不可或缺的重要组成部分。高校学生事务管理工作不仅关系到高校的秩序稳定，而且对学生的健康成长有着十分重要的影响。

由于我国高校的不断扩招，目前我国高等学校的学生人数越来越多，传统的高校学生事务管理工作已出现了越来越多的弊端，陈旧的管理模式已经越来越满足不了现今高校的管理需求以及当今社会对于高素质、专业性强的人才的需求，严重阻碍了高校学生管理体制的发展和完善，对高校学生的专业学习、心智的成长都造成了不良的影响。

因此，充分认识到当前我国高校学生事务管理工作所面临的问题，加强学生管理工作，建立有效的管理体制，提高管理效率已经是一个必须重视的工作。在我国尝试打破原有的高校学生管理体制、建立一个高效的高校学生管理体制已势在必行。

一、国内外研究现状

（一）国内研究现状

我国高等教育开始接受学生管理工作这一概念是在20世纪90年代后期，但事实上，早在20世纪20年代学生管理工作便已经在我国形成。自20世纪90年代以来，由于我国的社会发展步伐加快，传统的学生管理模式已不能满足高校的管理需求。因此，我国的相关学者便对我国的高校学生管理体制展开了一系列的研究。

在基础理论方面：徐士元、龙雪津、马茂松等学者认为当代的高校学生管理理论的研究重点已经由“物”转向了“人”，高校学生的管理工作必须坚持以人为本的原则，才能更好地适应当今世界的经济与科技的高速发展。柯少箐、王秀彦等相关学者认为我国高校学生管理应该充分重视学生对自己的认识和对环境的认识，以及其他一些社会能力的培养，这样能更好地发挥学生的自主能力，挖掘学生的创造力。

在学生管理体制方面：刘勇认为我国当前的管理体制应该摒弃传统学生管理体制所带来的单一、死板、僵化的管理模式，发展一种新的民主、平等、双向的学生参与的开放性管理模式。

（二）国外研究现状

国外对于高校学生管理的研究较早，经过了长时期的实践，与高校学生管理相关的基础理论、管理模式、涉及内容都比较完善，相对而言也较为专业化。

在学生管理工作的基础理论方面：1972 年布朗 (Robert D. Brown) 发表《明日高等教育的学生发展——回归学术》一文，他认为学生的学习是学生管理工作中最重要的，应该将学生管理工作与学生的学习融合起来。

在学生管理体制方面：在美国大学人事协会 (ACPA) 出台的 SLI 计划“学生发展”理论的推动下，国外高校大都实行学校集中进行管理，设立专门的“学生管理中心”，它直接隶属于校领导，这个机构会随着学生需求的不断增加进行不断调整或增加相应职责。

二、高校学生事务管理机制的含义

（一）高校学生事务管理的内涵

“学生事务”是一个典型的美国式术语，它是与学术事务相对的一个概念，指高校通过指导、规范和服务于学生的成长过程，以促进其全面、均衡、可持续发展的课外活动和非学术性管理活动。它涉及了高校的招生、就业指导、住宿生活、课外活动、学生资助、学生情感、心理辅导、医疗保障等各个方面。高校学生的事务管理在不同的环境下有不同的语义。总体来说，高校学生的事务管理大致包括三方面：一是学生的学习过程；二是学生的道德规范和思想品质；三是学生的生活、娱乐以及学生的就业。由于高校学生事务管理的对象是高校学生，因此高校学生事务管理工作是以大学生自身的发展为中心，所谓大学生的自身发展主要指高校学生的学习、生活、思想以及行为准则的发展。因此这就决定了学生事务的管理不是一个僵化的、简单的制度化运作，而是一个高度人性化的管理工作。

（二）高校学生管理机制的意义

高校学生管理工作包括对学生思想信念教育、心理健康教育、学风教育、党团组织建设、日常行为规范、社会实践、奖励管理、资助贫困学生和高校的招生以及高校毕业生的就业等方面。学生事务管理是按照学校的培养要求以及学生的自身发展需要对高校学生进行世界观、人生观和价值观的培养，可以全面促进学生的发展，帮助学生的学习、生活以及良好思想品质的形成。高校学生管理体制是高等学校管理工作不可或缺的重要组成部分，它是以培养人才为中心，通过引导、教育的方法，形成一套全面的高效管理体系，可以为全面推进我国高校学生的素质教育提供有力的制度保障，为学生的学习、生活以及心理状况的成长建立良好的环境，在高校的管理工作中起到了不可替代的作用。

三、我国高校学生事务管理机制的发展现状

（一）我国高校学生事务管理机制的形成与发展

我国高等教育界开始接受学生管理工作这一概念是在20世纪90年代后期，但事实上，早在20世纪20年代学生管理工作的概念便已经在我国形成。在20世纪20~30年代，中国各类大学包括清华大学和北京大学在内都基本上确立了教授管理学校、学术自由、学生自治的高校管理制度。这个时期的高校的管理方式大都相对较为民主，来自学校的管理也相对宽松。

在新中国成立以后，管理体制由原来的以校长负责、行政系统为主的模式逐渐向以党委和党务系统为主的模式转移，形成了相对较为命令化的管理机制。20世纪70年代末80年代初，“文化大革命”结束后，国家恢复高考制度，我国的高校管理机制又恢复为党委领导和负责的命令化机制。

自20世纪90年代初到现在，我国确立了市场经济体制，高校的教育和实践都发生了很大的变化，但是学生事务管理改变不大，这严重阻碍了高校学生的各个方面的发展。

（二）我国高校学生事务管理机制存在的不足

1．管理思想传统化

随着我国高校高等教育的发展，高等学校的办学规模越来越大，高校学生的总体数量也越来越多,随之而来的是我国高校对学生管理体制的要求也越来越高。但是人们对于高校管理事务的认识仍然停留在传统的管理理念上。首先高校学生管理工作重点是管理还是教育？是为学生服务还是约束学生？由此，管理者在管理工作中将学生放在什么位置，就决定了管理的结果大不相同。传统的管理理念强调管理者和教师管理地位的权威性和强势的地位，许多教师将学校的制度当作一种教育的途径，对学生加以约束。这种管理观念在现今的社会中是大量存在的。尽管这种管理方式可以更方便地管理学生，但是却忽略了学生事务管理制度的服

务对象是学生，而不是管理者用来约束学生的工具。这样就失去了学生事务管理制度最初的意义。

在当今的许多高校管理过程中，管理者往往将大量的精力投入到学生的思想品德方面的相关事务上去，而对其他方面缺少更多的投入，往往只能草草了事。虽然学生的思想工作应该排在学生事务管理的首位，但是因为这意味着要忽视其他方面的工作，往往会达到相反的效果。例如，对于学生的心理问题，当今有许多学生来自农村，他们往往会有自卑孤僻等心理，这就需要专门进行心理辅导方面的管理工作；至于毕业学生的就业问题，如果处理不好，将会使学生对上大学存怀疑态度，当今就有许多学生存在着上大学没有用的错误观点。

由此可见，学生事务管理的思想更新对我国许多高校来说必须提上日程，从而充分调动学生的积极性，发挥学生的个性，帮助学生形成正确的世界观、人生观、价值观。

2．管理工作过于命令化

由于我国高校的学生事务管理工作过多地受传统的行政式管理模式影响，学生事务管理工作的管理理念过于陈旧，使得高校的管理者大都无法了解到现今大学生的成长趋于社会化，对当今时代的大学生的成长和需求都缺乏认识，导致高校学生事务管理工作过于注重管理，忽略了学生事务管理的本质是服务学生。另外，由于我国高校学生事务管理体制发展较晚，高校的管理理念直接沿袭了传统的行政式管理方式，仍然是上级对下级的关系，管理方式过于命令化，以管理者本身为主体，偏重于强调国家、社会和学校的重要性。这种管理理念与以人为本的管理理念相去甚远，不利于学生的成长和发展。

3．管理内容过于单一化

高校学生的事务管理工作是一项系统的工程，它包括了学生学习发展的各个方面。大多数学校都过于强调高校学生思想品德方面的管理，而忽略了学生日常生活方面的管理。相反，目前许多高校的学生事务管理内容过于日常化。日常化是指高校过于强调学生在日常学习生活中的烦琐的工作的管理，却忽略了学生的思想品质的管理，将高校学生事务的管理工作等同于企业或者是事业单位的管理。由此，高校的管理者将过多的精力投入到日常琐碎的事务上，整天忙于日常管理，却无暇顾及学生事务管理的其他方面。由此可见，高校的管理工作过于单一化不利于学生的发展。

四、对于我国高校学生事务管理的对策与建议

（一）树立对高校学生事务管理的科学认识

我国高校的学生事务管理工作缺乏一个成熟的、科学的基础理论作指导。因

此，在这方面我们可以借鉴欧美发达国家发展较为完善的理念，如美国大学认识协会发表的《学生的学习是当务之急——学生事务的含义》这篇文章。必须承认，“定向于学生学习的学生事务管理”的管理理念是今后学生事务管理发展的必然趋势。新的管理理念强调在管理过程中学生的主体地位，强调学生管理事务要一切以学生为出发点，一定要避免传统的学生事务管理中将其定位为思想品质方面管理的狭隘理解。

（二）确立以人为本的管理理念

传统的高校学生事务管理理念认为，高等学校的教育是高校作为管理者自上而下的绝对权威的信息灌输。高校学生事务管理要以社会为本，它是高校用来管理学生并且实现其社会价值的使用工具。但是现代的高校学生事务管理理念认为要以人为本，服务于学生，学生是高校学生事务管理的主体，它要以马克思主义为指导，充分尊重学生，在管理工作执行过程中充分了解学生的需求，将以人为本理念贯彻于高校学生事务管理工作的执行过程和执行内容之中，培养高校学生形成正确的世界观、人生观和价值观。

（三）提高学生事务管理人员的专业化水平

由于我国的高等学校学生事务管理研究起步较晚，还没有形成较为完善的理论，甚至在一些高等学校还没有被完全接受，与其相关的管理人员不够专业，发展相当滞后，这就不可避免地发生管理者偏重于学生管理工作中的某一方面。对此，我国高校应该提高与高校学生事务管理相关的管理者的专业化水平，也可以对外引进相关的人才，加大对管理者的相关培训，这对于完善我国高校学生事务管理制度具有重要意义。

第二节　新时期学生管理工作开展

一、当代大学生社会主义核心价值观的教育和培养

（一）社会主义核心价值教育

1. 价值观的含义

价值观是指主体按照客观事物对其自身及社会的意义或重要性进行评价选择的原则、信念和标准。它是一个人思想意识的核心，对个人的思想和行为具有

解释、预测、导向和调节作用。

2. 社会主义核心价值观

党的十八大报告明确提出“三个倡导”，即“倡导富强、民主、文明、和谐，倡导自由、平等、公正、法治，倡导爱国、敬业、诚信、友善，积极培育社会主义核心价值观”。这是对社会主义核心价值观的最新概括。2013 年 12 月，中共中央办公厅印发《关于培育和践行社会主义核心价值观的意见》，明确提出，以“三个倡导”为基本内容的社会主义核心价值观，与中国特色社会主义发展要求相契合，与中华优秀传统文化和人类文明优秀成果相承接，是我们党凝聚全党全社会价值共识做出的重要论断。

3. 大学生社会主义核心价值观教育的意义

处于生理和心理逐步走向成熟时期的当代大学生是一个人价值观形成的重要阶段。大学生是国家未来建设的主力军，他们的价值观对个人未来的发展、社会的变革与进步有着举足轻重的影响。价值观是每个人判断是非善恶的信念体系，它不但引导我们追寻自己的理想，还决定一个人生活中大大小小的选择。社会主义核心价值体系为大学生核心价值观教育提供了参照依据，新形势下，对大学生进行社会主义核心价值观教育具有十分重要的意义。

（二）大学生价值观的现状

当前我国大学生主体的价值观是积极的，多数人的政治倾向、人生态度、竞争意识、择业观、婚恋观、消费观等都与时代变革同步，呈现出积极、进取、务实、开放的特点。但是，随着经济发展和文化交流的日益加速，当代大学生也在求新与守旧、求异与从众、贡献与索取、个人与集体等价值冲突中形成自己的观念与行为。价值目标也就由理想转向现实，趋向多层次化。其具体表现为：

（1）在政治价值观念上表现为：积极、正确的政治价值取向与政治选择的功利化、政治心态的不成熟并存。

当代大学生关心国家的前途和命运，他们善于发现和接受新生事物，报纸、广播、电视，特别是网络已经成为他们获取信息的重要工具。政治思想上积极要求上进贯穿当代大学生成长的全过程，但他们也表现出政治选择的务实化与功利化。部分同学参与政治活动的热情有所下降，积极性、主动性有待提高。

（2）在道德价值观念上表现为：较高的道德认知与较差的道德修养共存，在道德选择和评价上存在矛盾和困惑。

当代大学生存在观念与行为之间的脱节问题，他们在理论上认同的道德规范，往往不能变成实实在在的道德行为。比如考试作弊，崇拜金钱，缺乏诚信等。

（3）在职业价值观念上表现为：追求发展，崇尚创造的职业价值观念与急功近利的求职心理共存。

大学生普遍注重自身价值的实现，成才愿望迫切。紧迫感、竞争意识和自强意识明显增强，讲究效率、注重学习实效已成为当代大学生的主要价值取向，绝大多数学生都渴望通过大学的学习来丰富和完善自己，赢得发展上的主动权，以适应社会的竞争。但同时又对自己缺乏自信，专业学得不够深入并急功近利。

（4）在婚恋价值观念上表现为：独立自主的婚恋价值观念与弱化的责任感共存。

受西方文化的影响，很多大学生对西方的生活方式产生了向往，追求自由、浪漫、不受拘束的爱情。但也有人觉得如果不在大学恋爱就会白上了大学，与此同时他们的责任义务的意识逐渐淡化。

（5）在生活观方面表现为：遵循传统道德与尝试新的价值的冲动共存。

大学生的视野宽广了，所接触的、感悟的信息以空前的规模急剧膨胀，接触对象日益丰富。但是，这也往往造成他们对现实社会的迷惘和困惑。大学生们往往多热情而少理智，易受诱惑而又缺乏鉴别，加上有些人缺少自律的原则、价值上的失落乃至素质偏低，如果一味追求新奇变化，则往往优劣、精华糟粕兼收并蓄，失去对社会的审美标准。大学生追求个性化，容易导致以“自我”为中心的感性表现，如自由散漫的任意性、对现实的逆反性等。

（6）在消费价值观念上表现为：追求时尚、积极消费的价值观念与消费心理不成熟共存。

大学生中，目前拥有电脑、手机等高档消费品的逐渐增多，攀比心理也越来越严重。大学生的消费观念也在社会转型时期发生了较大的波动。在市场经济条件下，有个别大学生开始接受并认同金钱至上的观点，出现对优良传统的漠视与价值偶像的错位。近年来，勤俭节约、艰苦奋斗的精神与个别大学生的高消费、高享受的追求已经格格不入，表现为崇拜金钱，以含金量作为人生价值的衡量标准。

（7）在人生价值观念上表现为：讲求奉献社会与关注个人的自我价值的实现共存。

当代大学生对“追求健康向上、对社会有所作为”的人生价值观普遍持认可态度。他们富于同情心、责任感和正义感，越来越多的当代大学生追求完美的人格质量。但也不能忽略有些大学生过分关注自我、淡化社会责任。其主要表现在以自我为中心，只考虑自己，不顾及别人，不参加集体活动，出现狭隘的个人主义、小团体主义、本位主义，对社会要求高，对自己要求低。

（三）加强当代大学生价值观教育的思考

1. 加强理论引导，构建社会主义核心价值体系

社会主义核心价值体系为大学生核心价值观教育提供了依据。新形势下，对

大学生构建正确价值观、引导大学生走出自身价值困境具有十分重要的意义。我们应当将社会主义核心价值体系作为影响大学生价值观的主要内容和主导因素，并结合大学生思想和生活实际，更新教育模式，以科学的教育内容和方式方法，利用各种教育阵地，通过多种渠道，全方位地开展教育，将其内化为大学生的价值观。

2. 加强社会主义精神文明建设，提供良好的社会环境

宣传、理论、新闻、文艺、出版等方面要坚决弘扬主旋律，以正面宣传为主，树立先进典型，抓好示范教育，为大学生价值观建设营造良好的社会舆论氛围；各类网站要把握好正确的导向，主动承担社会责任，积极开展形式多样的网络教育活动；依法加强对高校周围的文化、娱乐、商业活动的管理，坚决打击侵害学生合法权益和身心健康的不法行为，坚决抵制各种有害文化和腐朽生活方式对大学生的侵蚀和影响。

3. 注重价值观教育的方法手段

首先，应当注重发挥教师的主导性，多采取启发式教学，调动学生的积极性，增强学生在教学中的参与积极性。其次，应当尽可能地采取现代化的教学手段，将价值观教育的内容以生动活泼的方式展现给学生，提升学生的学习兴趣，化枯燥为情趣，化不解为理解。大力加强校园文化建设。

校园文化历来是高校精神文明、思想政治工作的重要载体，作为一种非强制教育手段，主要通过创造一种特殊的文化环境来实现课堂以外的教育目的和教育效果，使学生在不知不觉、潜移默化中内化教育要求。要发挥校园文化的熏陶作用，运用理论、文化、宣传等手段对大学生的人生价值取向加以正确的舆论引导，通过科学的管理、完善的制度、健康活泼的集体活动来营造一种明朗、健康、活泼、有序的文化氛围，形成正确的舆论导向和有凝聚力的校园文化，给学生以积极的影响。

4. 充分发挥社会实践在价值观形成中的作用

要加强实践，开展各种活动让大学生承担一定的社会任务，这样使大学生从实践体验中去认识、理解、选择正确的价值观，也才能使大学生主动、自觉地去实施社会所需要的行为，从而体验到自己对社会所做的贡献，理解人生的真正价值与意义，实现个人价值和社会价值的和谐统一。

5. 重视家庭教育

家庭是学生的第一课堂，家庭对大学生价值观的形成有着长期而深远的影响。为此父母要注意加强对子女的品德、人格教育，使家庭教育建立在科学、民主的基础之上，倡导科学、健康的生活方式。学校要加强与家长的联系和协调，呼吁学生家长加强学习，关注孩子的成长，及时了解孩子的思想动态，多与孩子交流和讨论价值观方面的问题，使学校、家庭、社会协调一致，形成卓有成效的

教育合力，共同把大学生培养成一代社会主义“四有”新人。

当代大学生是祖国的未来，是民族的希望，拥有正确积极的价值观对于指引大学生成才至关重要。大学生要深刻认识以人为本的内涵，以积极的心态和科学的方法，不断陶冶情操，健全人格，提高素质和能力。

二、新时期高校学生管理工作的思考

随着高校的深入发展，大多数高校已经逐步开始推行学分制管理。在学分制背景下，高校的育人观念和管理模式都发生了根本性的变化。而且随着社会的飞速发展，学生思想观念都在发生变化，高校学生管理工作的难度在加大。现在高校学生管理工作表现出了与以往时期不同的新问题。

（一）高校学生管理工作面临的新问题

辅导员在以前称作政治辅导员，主要工作是对学生进行思想政治教育。随着高校的发展，时代赋予了辅导员工作新的内容和新的特点。

1. 辅导员管理工作出现的新问题

（1）辅导员管理人数过多，岗位职责不明。国家教育部门规定，每个辅导员最多带 200 名学生，否则无法保证辅导员把工作精力投入到每个学生身上。但由于不断扩招，许多高校辅导员所带人数都远远超过 200 人，甚至有的辅导员还跨年级带班。这样的任务对于辅导员来说就是一种很大的挑战：人多了，事情必然就多，辅导员不仅承担着学生思想政治教育工作和日常事务管理的任务，还担了许多非本职工作，整天忙碌于应付大量的事务性工作。从入学教育到毕业手续的办理，从课堂到宿舍，从卫生检查到安全巡视，从关注大学生精神压力的疏导到激发学生的成长成才，从学生个人问题的解决到班团集体建设等都靠辅导员一手完成。但人的能力毕竟是有限的，分配到每个学生身上的精力就很少，辅导员只能心有余而力不足，力不从心，无法面面俱到。

（2）辅导员工作的职责内容在增多。虽然学分制要求学生更多地自我管理，但是许多高校从“管住学生”“管好学生”这种工作理念出发，辅导员已经不单单对学生进行思想政治教育，他们还根据不同对象扮演不同的角色，身心投入极大。过多的角色占据了辅导员过多的精力，整天疲于完成烦冗的事务，如负责学生早操出勤、到教室查考勤、学生日常事务和学生教学方面通知的转发、寝室卫生检查、寝室用电安全管理、寝室上网的督查、贫特困生认定、奖学金评定、助学金的评定和发放、学生贷款工作、学生党员管理和发展、学生评优、学生保险、学生档案、心理健康教育等，甚至许多职能部门的材料领取和上交等细琐事情都要求辅导员亲自处理，很大程度上没有认识到学生管理工作的学术性和职业性，没把辅导员工作当作科学去研究，弱化了工作的实效和职业化程度。

从另一方面看，现在大学生心智不成熟，无论出于职责要求还是出于责任心，辅导员什么都要管，好比保姆，要照顾到学生的方方面面、里里外外，并且尽可能做细做扎实。

高校实行学分制的特点之一就是要求学生个性发展，但是实际工作中辅导员这样大包大揽学生一切，不可能锻炼学生为人处世的能力，不可能培养学生的独立意识，不可能发展学生的个性。对辅导员自身发展来说，越管越多，也越累，根本没有时间和精力反思自己的工作方式和工作创新。如何给辅导员减负、精简提炼学生管理工作的职责和内容，值得深思。

2. 学分制背景下学生出现的新问题

学分制背景下的学生主要是“90后”“00后”的一代，他们既具有所有年代高校大学生的共同特点和问题，也反映出他们这一代的新特点，特别是学生管理工作亟待解决的新问题：

（1）学生群体性格特殊。新世纪大学生普遍是“90后”。“90后”生活的社会比较复杂，接触的东西很多，思想上没有以前的大学生那么单纯。“90后”学生正处于青年期，心理由半幼稚半成熟过渡到逐步成熟，存在独立性和依赖性、自觉性和幼稚性错综复杂的矛盾。思想活跃，追求个性，表现自我，但协作意识较差；适应能力弱，依赖性强，但表现从众乐观；现实目标缺失，认知能力不足，但自信心较足；求知欲强，敢于尝试，但抗挫能力弱。

因此，“90后”学生群体的这些心理特点对于辅导员工作是又一大挑战。在学习上明显地表现为逃课现象比较严重，学生目标不明确、学习态度差。有些学生对授课老师的教学方式不满意或对授课内容不感兴趣，会明显表现出消极上课的抵触情绪和逃课行为。那么对于这种有上进心或有个性的学生，辅导员该如何解决这一矛盾？既按照学分制本身要求尊重学生的个性发展又让学生遵守学校课堂管理规定按时上课？

（2）心理问题突出。纵向比较不同时期的大学生可以发现，“90后”的大学生心理问题更加突出。网上报道也屡见不鲜。分析一下“90后”学生的一系列个性特征，从侧面反映出他们缺乏社会历练、心理承受能力差、心理比较脆弱。一旦出现心理矛盾和问题，又缺少必要的人际沟通，就容易导致心理失衡，产生心理疾病。

而现在高校寝室主要是四人间，交友范围在缩小，网络的发达也使学生把更多的时间花在虚拟的网络上。学生没有真实的可倾诉的对象，没有面对面倾诉的途径，造成学生倾诉的能力也在减退。人际交往能力缺乏，心理问题长期积压下去，就容易造成心理问题。

现在大多是独生子女，家庭教育观念发生变化，父母既对子女呵护有加，又对他们期望过高，造成学生从小抗挫能力差、心理压力大。进入大学后，没有父母的庇护，就明显表现出无法解决的个人生活、恋爱和人际关系等问题，严重的就会出现臆想症、强迫症等心理疾病。高校学生心理问题表现得越来越突出。辅导员要高度重视学生的心理健康问题,需要对当下学生的心理状况有整体的认识，同时，学校要加强对辅导员心理学知识的普及和培训，让辅导员懂得最基本的心理问题的处理方法，有最起码的对学生的心理疏导能力。

（3）学生的感恩意识缺乏。学生的感恩意识缺乏表现在许多方面：有对社会、学校缺乏感恩之心的；也有对父母、老师缺乏感恩之心的。随着高校资困助学体系的建立，不少贫困大学生依靠社会资助和国家助学贷款完成了学业，但其中一些不感恩、不好好学习、生活攀比乱花钱、毕业后不按时还贷。部分毕业生在就业和择业方面只考虑个人的利益和前途，选择工作单位的标准是工资高，福利待遇好，工作环境轻松。部分大学生离开父母走进大学校园后，开始忘却父母的辛勤养育之恩，一味追求物质享受，拿着父母辛苦挣来的血汗钱心安理得地玩游戏、谈恋爱、摆阔绰等，毫无羞耻之心，更不要谈感恩父母了。许多学生对老师缺乏感恩，课堂上无视老师的存在，不尊重老师，不尊重老师的劳动成果。一些大学生对学校要求过高，稍不如意就满腹牢骚，甚至采取过激行为。毕业离校后，对于学校培养之恩，不仅没有丝毫感激之情，甚至埋怨学校，更谈不上以母校为荣，关注母校的发展。造成这一现象，有深层次原因：既有父母的过度溺爱，也有学校教育的片面；既受社会不良风气的影响，也有自我道德教育的缺失。

所以，必须强化学生的感恩意识，在日常教学和学生管理中潜移默化地灌输感恩思想。另外，要对学生进行自立自强自信教育。对问题学生的帮扶不能过多地停留在物质层面，更多地应该给予精神与心理层面的帮扶，帮助学生学会如何独自去面对和处理生活和学习中出现的种种问题，学会调适自己的心理情绪。只有学生自己亲身体验了生活学习的不容易，他们才会反思，才会站在别人的立场上换位思考，才能激发和培养他们的感恩意识。这也是学分制背景下人才培养的方向和目标。

（4）学生法制意识淡薄。习近平总书记在十八届四中全会上提出了“依法治国”的理念，除了高校管理应提倡依法治校外，还应加强学生的法制意识。“人治”思想没完全根除，使得以管代育现象存在。这也使得制度远离了当代大学生的生活。比如在目前的高校中都规定学生不能旷课、不能迟到和早退，也对违反这些规定的情况有处罚措施，但是在实际的大学生学习生活中，旷课、迟到、早退、作弊等现象屡见不鲜。在大一新生开学之后，学校也组织关于规章制度的学习和考试，但是这种死记硬背的考试方式，学生反感，简单应付，对制度的价值内涵并不理解，考试结束后，有关的制度内容也随之遗忘。另外，原先“两课”教育中开设的法律基础课没有了，与思想道德修养课合并，压缩成几个章节。生活在法治社会的高校学生连最基本的法律常识、校纪校规都不清楚。

因此，要用基本的法律精神来引导大学生的道德行为。要运用一切可以利用的方式进行宣传，注意其广度和深度。比如高校内的校园网、校园广播、校园电视、校报、学生刊物、‘海报、条幅等都可以当作法律宣传的载体；公寓、教室、食堂等，都可以悬挂或者张贴关于大学生思想政治教育制度内容的海报，但是要注意其形式新颖，图文并茂，或者用漫画来解读制度的内容；高校里的社团活动或者班级的实践活动以及各种学生会议等，也都可以作为宣传法律制度内容的时机。对大学生进行法律宣传的同时还要注重对法律的理念和精神的宣扬，使得法律这种外在的他律慢慢转化为行为的自律，由“知”慢慢地转化为“行”，在实践中不断强化法律制度的具体要求，达到“知行合一”。此外，制度的执行者——高校的领导和老师更应该带头来响应法律制度的要求，以身示范，这本身也是一种有效的宣传。

（二）与时俱进，创新高校学生教育管理工作方法

1. 加快辅导员队伍职业化建设

针对辅导员的角色、职责和功能越来越多的现象，辅导员职业化就成了加强高校学生教育管理工作建设的主要方向，是学生思想政治教育的重要组织保证。教育部在《加强高等学校辅导员、班主任队伍建设的意见》中提出：“要统筹规划专职辅导员的发展。鼓励和支持一批骨干攻读相关学位和业务进修，长期从事辅导员工作，向职业化、专家化方向发展。”可见，加快辅导员队伍职业化建设是做好学生教育管理工作的重中之重。

2. 构建网络信息交流平台

当一个人的心理同时存在两种相反的对立的情感、欲望、行动倾向、生活态度、价值观念时，就会引起心理矛盾，这个心理矛盾在短期内得不到解决，就会形成心理问题，从而使厌学情绪、注意力障碍、学习焦虑等问题转变成孤独倾向、个人主义、自闭倾向等消极情绪。于是，生理敏感性问题在这些消极情绪中抬头，非理性成分占据上风。而这些学生更愿意在一个虚拟的空间以陌生人的身份求助于专家来改变他们的苦闷与彷徨。

针对学生心理问题越来越多、辅导员工作职责内容增多这一现象，学生教育管理工作必须跨越时间和空间的限制，充分利用现代信息技术，构建网络信息交流平台，建立快速信息反应机制，加强与学生的双向沟通与交流。首先，在校园网络上设立热点问题板块，发挥学生民主参与、民主管理的作用，促进学生间的交流与互动，将学生的思想意识引导到社会主流上来。其次，在校园网上建立一个心理咨询网页和师生交流的阵地，通过谈心的方式有效地消除师生之间的代沟和隔膜，解决学生的心理问题。最后，加强学生工作网站的建设，利用班级QQ群、

微信群等形式开展诠释、宣泄引导，帮助学生解决家庭、学习、生活、恋爱等多方面的难以在同学家长和朋友面前启齿的困惑和难题，使这些学生摆脱苦闷、焦虑与恐惧的氛围，重建信心。

3. 尊重学生，让学生从参与管理到实现自我管理

根据大学生身心发展规律，引导他们参与教育管理的全过程。大学生自信、好胜，向往独立、自由，已具有自我认识和评价、自我监督与控制的能力，尊重学生的主体地位，引导他们换位思考，让学生参与教育管理的全过程，通过参与班级、学生社团、学生会、寝室等方面的管理，能改变学生在学生管理工作中从属和被动的地位，调动学生的积极性和主动性，唤起他们的自律意识、法制观念、社会责任感和使命感。辅导员在实际管理工作中既通过面上指导，通过放权，抓“两头”放“中间”，在班上设立如自律委员会、学生评议联席会，召开商讨决策班级大事的班级大会等，既掌握班级发展的总进程，又有充分的时间通过学生的反馈，了解班级管理上的漏洞和出现的特殊情况。因此，建立运转正常的学生自我管理机构，是使学生的自我管理制度化、经常化的保证。大学生在参与管理、自我管理中提高了认识，明确了自己未来的目标与追求，排除了个人主义所带来的空虚与困惑，提高了能力，增加了才干，在实践交流中潜移默化，让自己的人生观、世界观和价值取向逐渐改变。

三、依法治校视域下的高校学生事务管理探讨

（一）相关概念

1. 依法治校

依法治校的理念来源于“依法治国”方针的提出。党的十五大首次提出“依法治国”；1999 年九届全国人大二次会议通过宪法修正案，将“依法治国”写入宪法第五条第一款；2014 年 10 月《中共中央关于全面推进依法治国若干重大问题的决定》发布，依法治国的战略意义进一步提升。依法治校是依法治国和依法行政在教育领域的具体体现和实践，是深化高等教育事业改革、推进高等教育事业发展、全面贯彻党的教育方针的重要组成部分。

依法治校的本质是各高等教育机构管理者在学校教学管理中体现法治精神，形成一种良好的法律秩序，将法的精神融入管理工作中并对管理者的权力进行制约。从理论上来看，依法治校既包括对学校管理中主客体权力（权利）义务的规定，也包括在高校中建立完善的民主制度，在学校中普及法律法规，建立良好的法律秩序，使学校的管理工作做到有法可依。法律的基本精神是自由、平等、民主，所以依法治校就是要依照现行法律法规对学校事务进行管理，将自由、平等、民主的思想融入学校的管理活动，对权力进行制约。

2. 高校学生事务管理

高校学生事务管理一般是指高校内部的专门组织或者学生事务管理者依据国家法律政策、人才培养目标以及学校的规章制度，在既定的学生事务管理价值思想指导下，运用掌握的相关专业知识和技能，合理地配置校务资源，为学生提供其发展所必需的事务组织的活动。

高校学生事务一般可分为管理性事务和指导服务性事务，主要涉及学籍管理、社团活动管理、宿舍管理、奖惩管理以及干部培训、活动辅导、学业与就业指导等领域，学生事务管理既涉及学生的各种实体权利处分，也包括各种针对学生可能面临的各种问题提供的保障性服务措施。

（二）依法治校视域下高校学生事务管理中存在的问题

随着依法治国的进一步推进，全社会法律意识得到加强，学生本人及其家长的法律意识得到前所未有的提升，部分高校在实践中逐步认识到依法推进学生事务管理的重要性，积极制定相关规范保障学生事务管理工作的有序开展，立法数量颇为可观，但在管理实践过程中，依法治校理念下的高校学生事务管理法治化、规范化还存在诸多问题。

1. 内容上，高校制定的规范存在违反上位法的规定的情况

法律至上是法治的基本理念之一，法律至上意味着在国家生活中法律应当有至上的效力和最高的尊严，国家机关的一切职权根源于法律。国家行政机关、司法机关应受立法机关的监督和制约，其决定不得与立法机关的一般性决策冲突，否则无效。然而在实践中一些高校制定的规范存在违反上位法的规定的情况。例如，某些高校关于授予学生学士学位的规定，可能存在损害学生受教育权的问题。再如学生公寓管理中，管理员没收学生宿舍违规电器则可能损害学生财产权。

2. 形式上，规范制定主体交叉，存在同一事项不同部门规范相冲突的情况

对于同一事项不同部门可能会从不同的角度有不同规定，当学生遇到这类问题时无所适从，从而引发学生与学校之间的矛盾。例如，教务处关于学籍管理的规定可能与学生处学生学习管理的规定相冲突。原因在于对某一问题的规定重复出现在不同主体制定的规范中，当其中一方的规定性文件已经做出改动，而另一规定性文件却没即时跟进。

3. 程序上，规范制定时随意性较强，缺乏必要程序

学生事务管理涉及部门众多，难免有工作交叉或工作相互支持的情况，但多数部门都只是从自身管理需要出发制发文件，缺乏调研、论证和意见征求等环节。一方面，规章制度制定以后各部门又缺乏沟通，可能产生不同部门同一事项规章相互冲突或规定不一的情况；另一方面，因规章制度所针对的客体是学生，但学

生较少或几乎没有参与意见征求，从而引发学生不满情绪，执行起来也比较困难。

4. 执行中，存在重实体规则，轻程序保障的情况

实体正义与程序正义是实现法治化的两个必要条件，缺一不可。当前，不少高校在推进学生事务管理法治化的过程中普遍存在“重实体、轻程序”的现象，主要表现在：认识上对实体与程序的辩证关系缺乏正确理解，认为只要内容正确、结果正确，程序有没有、对不对无关紧要；实践中，存在着程序规定缺位或漠视程序规定的现象，不按程序办事的现象较为普遍，导致工作主观性、随意性较强。

5. 宣传上，师生有法制意识，但对管理规章制度了解不够

学生事务管理是高校工作的重要部分，也是涉及部门和人员最多的部分。随着依法治国方略的全面开展，依法治校也取得了一定的成果，高校学生事务管理规章制度不断完善，但师生对学生事务管理规章制度的认识与理解还存在问题。一方面，目前我国没有设置学生事务管理专业，管理者来自不同的专业背景，学生事务管理专业化、职业化程度还不高，在学生管理过程中存在对规章制度了解不够、在事务处理过程中忽略程序以及对学生正当权益保护认识不深等问题。另一方面，学生普遍对与自身密切相关的规章制度了解不多，通常是已经违反相关制度后，才知道相关制度是如何规定的。此外，有的学生对违纪处分有异议却并不清楚申诉途径与程序。因此，在校园范围内，开展相关的法制宣传与法律讲座，对学生事务管理者和学生本人进行相关普法教育，提升管理者的专业化水平与被管理者的法制意识，有助于高校学生事务管理的法治化与规范化。

（三）依法治校视域下的高校学生事务规范管理

依法治校在高校学生事务管理中具有重要作用。首先，依法治校限制学生事务管理中的行政权，保护学生的合法权益。我国高校学生事务管理的权力主要来源包括：法律授权、行政委托以及基于教育公益性固有的权力。学校通过制定一系列规章制度对学生在校行为进行约束和管理，这使学生在事实上处于弱势地位，在遇到纠纷时学校往往可以通过行政手段对学生的行为进行处理。这一过程有可能存在权力不当或损害学生权益的行为，而法律就是对学校行政权力的约束，是学校内部法制建设的重要内容，也是保护学生权利的基本要求。其次，依法治校维持正常的校园秩序、化解纠纷。依法治校就是通过制定规范性纪律来管理学校，而法律、法规不仅是学校制定规范性纪律文件的依据，同时也是维持正常的校园秩序、调解纠纷的直接依据，学生和校方都有权直接援引法律维护自身权利。最后，依法治校有助于实现教育公平。现代学生事务管理就是为每一个学生的学习、生活提供应有的保障，让不同出身、背景、家庭状况的学生都可以享受平等的受教育机会。教育公平是学生事务管理的目标，法律则是实现这一目标的有力武器，法律平等地保护每一个公民的受教育权，对于教育中的不平等现象，法律可以予

以及时纠正，对于故意损害公民受教育权的行为，法律可以加以制止，法律可以依靠国家强制力得以实施，这是实现教育公平最强有力的武器。

1. 以制度建设为基础，规范学生事务管理

高校应规范学生事务管理规章制度的制定，对与法律规定以及其他部门制度冲突的规范性文件“进行清理”。在学生事务管理中应依法建章立制，在涉及学生身份的取得及丧失，如退学、开除学籍等，以及一些重要的基本人权和自由时，不能违反法律规定，应由立法机关通过法律规定，而不能由校规校纪规定。许多高校有专门的法学专业，高校可以充分利用师资资源，聘请法学专业教师担任学校的法律顾问，就校纪校规的合法性进行把关；还可以设立相关的法律咨询服务机构，给予学生法律以及学校规章制度方面的咨询与服务，在学生需要对某项权益进行申诉时，提供咨询与帮助，这样的机构可以由学生及指导教师组成。

2. 加强普法宣传，提升师生法治素养

提高管理者和学生双方的法律素质是依法治校的基础。加强教育普法规范化、制度化建设，提高教育普法工作的针对性、系统性和计划性。建立健全校师生学法制度，增强依法治教、依法治校、权利义务对等和依法履行职责等法治观念，不断提高依法决策、依法管理的能力和水平。在学生的思想教育工作中，应以树立马克思主义法治观为基础，加强对学生的普法宣传工作，唤醒学生的权利意识。同时着重加强对管理者的普法教育工作，把法律知识考试合格作为学生事务管理者任职的一个基本条件。

3. 推进民主管理，保障学生权利救济途径畅通

学生既是高校学生事务管理的对象，又是参与高校校园管理和学生事务管理的主体，必须充分尊重、发挥学生在学生事务管理中的主体地位，切实保障学生在学生事务管理中的民主参与权利。目前，在高校学生事务管理中普遍存在“重权力、轻权利”的倾向，学生参与自身事务管理的权利得不到有效保障，主要表现在：学生缺乏表达诉求、参与校园管理的途径和渠道，在涉及自身利益的学生事务决策上没有足够的话语权。虽然很多高校都有规章制度规定学生申诉和听证的权利和程序，但学生申诉处理委员会的组成人员不合理，职能部门负责人参与申诉委员会，且是临时组建，让学生想要进行权利救济时望而却步，因此，建议设立一个常设的独立的机构，如前文所提到的比较中立的法律咨询服务机构，来协调各方意见处理学生申诉，保障学生权利救济途径的畅通。

4. 促进道德建设与学生事务管理法治化相结合

法律和道德作为上层建筑的组成部分，都是维护社会秩序、规范人们思想和行为的重要手段，它们互相联系、相互补充。法治以其权威性和强制手段规范社会成员的行为。德治以其说服力和劝导力提高社会成员的思想认识和道德觉悟。道德规范和法律规范应该互相配合，统一发挥作用。高校学生事务管理法治化是

必然的，而道德规范在其中的作用也不容忽视。特别是信息化社会，各种新媒体、自媒体相继出现。一方面，新信息社会各种文化相互交融，网络议论自由且具有匿名性，影响着学生主流价值观以及道德意识的形成；另一方面，以网络为载体的各种信息交流、储存工具已经成为学生事务管理的有效途径，有助于学生事务管理走向规范化、法治化。因此，在新的时代背景下，注重学生道德建设也是学生事务管理法治化的基础，学生个人素质与正向能量提升有助于促进学生遵守规章制度；同时，由于学生事务管理的特殊性，学生管理的德治也是法治的必要补充，惩罚不是目的，规章制度的约束是为了学生更好地成长，而不是要侵害他们的权利，在这方面，道德建设将很好地补充。

四、程序正义在高校学生管理中的运用

近年来，随着我国法治进程的不断推进，公民的权利意识逐渐增强，高校学生作为被教育者更是越来越追求教育领域中的权利平等，越来越重视自己的权益保护，这也给高校学生管理提出了更高的要求。如何规范高校学生管理行为也已经变成了一个亟待解决的问题。

（一）程序正义的内涵

程序正义源自英国法中的“自然正义”传统，注重尊重个体价值和权力利益。1354 年，英国《大宪章》中就出现了体现程序正义的“正当程序”一词。在《正义论》中，罗尔斯将正义区分为实体正义、形式正义和程序正义三种。程序正义也称为作为规则的正义，它存在于一种正义的社会结构的背景之下，意指规则的制定与施行、社会合作利益的分配程序本身所必须具有的正当性。

纯粹的程序正义是《正义论》中的核心概念，其明显特征就是“无标准、有程序”。程序正义与实体正义有着非常明显的区别：实体正义是一种结果正义，其正义是由事物的因果关系决定的；而程序正义是一种过程正义，其正义是由程序本身建立或保证的。以选举为例，实体正义的要求是对这一职位的工作和职责进行分析，考察这一职位所要求的各种条件，再找出最能胜任的人来担任这一工作；而程序正义则不考察谁最有管理国家的能力，而是致力于考察获得这一职位的人是否经由正当程序产生，如果存在选择的正当程序，且获选是经由这个程序产生，则无论谁获选都是符合程序正义的。而程序正义和形式正义在某种意义上来讲，可以是等同，但不同的是，形式正义体现的是一种“结果价值”，而程序正义体现的是一种“过程价值”。

1995 年 9 月 1 日，我国颁行了《中华人民共和国教育法》，在该法中，对学校、其他教育机构、受教育者的权利、义务以及保护机制进行了明确的规定。2005 年 9 月 1 日起施行的《普通高等学校学生管理规定》中设有专门的章节规定学生

权利和义务，并且体现出了程序正当的思路。如第55条规定：学校对学生的处分，应当做到程序正当、证据充分、依据明确、定性准确、处分适当。第59条规定：学校对学生做出的处分决定书应当包括处分和处分事实、理由及依据，并告知学生可以提出申诉及申诉的期限。

2013年11月，党的十八届三中全会通过了《中共中央关于全面深化改革若干重大问题的决定》，提出了全面深化改革的总目标，即“完善和发展中国特色社会主义制度，推进国家治理体系和治理能力现代化”。长期以来，我国各类法律和各项政策强调的都是“管理”；而这次中央文件中突出“治理”概念，并提出了治理体系、治理能力现代化的目标，说明我们党对社会政治、经济和文化的发展规律有了新的认识，我们的治国理念有了巨大飞跃。

在高等教育中引入“治理”概念，也使得高校学生工作中出现了创新的局面。特别是21世纪以来，我国在建设教育制度现代化的大学的进程中，要实现管理思想向治理思想的转变。这种转向的主要体现就在于减少行政管理、增加协商，鼓励学生自我管理，加大社会力量参与办学等。而高校的学生管理制度作为大学制度体系中的重要组成部分，也是维系学校和学生之间关系的纽带。

学校和学生之间是一种教育与被教育、管理与被管理的关系，是一种类似于行政管理的关系，是不同于一般的双方平等的民事契约关系。而随着高校教师和学生主体意识的发展，他们之间权利义务的相互依赖及其各自不同的利益诉求必然会给高校学生管理带来各种各样的矛盾和冲突。而这些矛盾和冲突的日益增加，势必会引起学校的重视，所以在日常学生管理活动中应坚持程序正义，注重程序的正当性，减少管理漏洞，从而减少最终不公平结果的产生，保障处于弱势地位的学生的权益，同时也保障了高校的权益。

（二）程序正义在学生管理中的实践运用

1. 强化告知环节

高校有制定学校相关政策和规定的自主制定权，学生要受到这些政策和规定的制约，这样的相互关系必然会使学生处于弱势地位。因此，所有关于学生的奖惩，辅导员都要强化告知程序，尤其是学校行为实施前的告知程序。对于强化告知程序的实践运用，可以从以下几个方面开展：

（1）细致做好新生入学教育。新生刚进入学校时，有一个对新学校和新同学的熟悉过程，在这个熟悉过程中就可以做好入学教育。一般而言，高校都会给刚入学的新生发放《学生手册》，手册上罗列了学生在校期间有可能涉及的主要规定。但是，手册无法涵盖所有的内容，而且其文本也不够生动和直观，难以吸引学生的阅读注意力。

因此，可以在新生入学时，对学生和家长分别发放学生版和家长版的《学校指南》，将学生在校期间可能涉及的各项规章制度进行详细解读，并对涉及学生奖、惩、资助等切身利益的条文进行醒目标示，以吸引阅读注意力。

此外，在召开相关对制度进行学习的主题班会后，还可以增加新生入学测试环节，将与学生有关的规章制度以开卷考试或者知识竞赛的方式进行检测，使学生在寻找答案的过程中强化对相关制度的记忆。

（2）在日常事务中加强告知工作。一般而言，学生对于某一项规定的了解都是在相关事务的办理过程中，所以，辅导员在处理日常事务时的告知就显得尤为重要。如奖学金评定过程中，学生综合成绩的算法，德、智、体、美各类成绩的比例，加分的标准，都要预先告知学生，使学生可以有充足的时间准备材料，再如大学生参军入伍情况，通常学校会根据国家政策结合学校实际制定具体细则，对此可以制作“应征入伍学生的学习情况告知书”，将其学业情况和后续毕业及学位资格审查工作程序予以详细告知，将会减少学生因对政策理解有误而造成的学业损失。

（3）特殊事件发生过程中的特别告知。辅导员在学生管理过程中有时会遇到一些特殊情况，如学生学籍信息出现错误等，如遇到这些情况，应以书面告知的形式通知学生本人，使其能了解到相关的具体情况及其后续办理程序、解决方法和受理时间。使处于信息获取劣势地位的学生及时掌握相关情况，保护自身的合法权益。

（4）拓宽告知渠道。随着现代网络技术的发展和运用，以及学生网络活动能力的提升，应该积极开拓现代化的告知形式如通过微博、BBS、微信、QQ 等方式，且不论网络公告是否具有法律效力的问题，但若具有强大的信息公告和告知的功能。每项通知内容都采取传统和新型的告知方法并行的方式，让学生最大程度减少错过通知的概率。

2. 为学生提供陈述和申辩的机会

《普通高等学校学生管理规定》第 56 条明确规定：学校在对学生做出处分决定之前，应当听取学生或者其代理人的陈述和申辩。在高校诉讼案中，超过一半是因为学生作弊或违纪而被学校开除而引发，如果能在做出处分决定之前，给予学生充分的机会陈述和申辩，对事实进行充分了解后再进行认定，再加之之前所做的事前告知程序，就是做到了真正的程序正义，保证了整个处理程序的严谨，也可以降低此类诉讼的发生；即使发生了有关争议，学校败诉的可能性也大大降低。

对于留校察看和开除学籍此种后果较为严重的处分，学校应建立处分听证制度，以便最大限度地规范高校自主权的行使，保证学生权利。听证会的成员不仅要包括双方当事人，事发时的其他在场人员所反映的情况也同样应予充分了解。对于其他处分，可以采取简易听证程序，简化流程，但作为听证核心的“学生陈述和申辩权利”不能简化。

听取学生陈述和申辩，不仅仅是体现了程序上的正当要求，同样也体现了“以人为本”的理念。因此，除了学生处分相关事宜，在关系到学生受教育权的教育教学设施、设备、图书资料等建设工作，奖学金、助学金等的评定都应该吸收学生参与，接受学生监督，这种借鉴西方高校的做法，可以减少学生对政策的抵触心理。学校、教师、学生是一个整体，所以不能单纯地把学生视为学校运行规则的适应对象，要发挥学生的主人翁意识，让他们参与到高校的发展中来。

3. 提供救济途径

程序正义中的一个重要环节就是事后向相对人提供救济途径。因此，辅导员在进行各项管理工作时都要树立正当程序的理念，在所有涉及学生切身利益的环节都要为学生提供相应的救济途径。《普通高等学校学生管理规定》第60条规定：学校应当成立学生申诉处理委员会，受理学生对取消入学资格、退学处理或者违规、违纪处分的申诉。这对申诉处理委员会的成员、申诉受理办法、复查程序等提出了详细的要求，并强调申诉救济途径的设立是为了保障学生的合法权益不受侵害。高校不能为了程序而程序、教条化地进行救济，否则，程序正义只能是形同虚设。

应拓展对于救济途径的思路，给学生提供广泛多元的意见反馈途径和渠道，这样也能在校内消化冲突意见。高校管理中做出的面向学生的各项决策、决定、规章制度等都应在决策前和决策后接受学生群体的监督，并接受反馈意见。因此，高校应积极地拓展获取信息的方式方法，并建立起及时高效的反馈机制，如校长信箱，校长接待日等方式，就能很好地将学生反馈的信息传递到学校的高层，免去了中间环节造成的信息遗漏和损失，也提高了信息反馈的速度。

（三）值得注意的其他问题

即使构建了符合程序正义的治理模式，学校和学生之间仍然存在着管理与被管理的关系。也就是说，纪律和自由的矛盾依然存在。因此，期望通过某种制度的建立就能解决所有矛盾是不可能的。

在“管理”走向“治理”的过程中，在一定的时期内，学校和学生之间的矛盾可能不但不会减少，还有可能会增加，因此，从制度的建立到成熟运作，还需要一个比较长的时间进行磨合。但是，新的制度，由于其合法性、合理性和公正性，最终能成为一个促进高校发展的良性制度。因此，在制度的推行过程中，高校学生管理工作者必须做好思想上和行动上的充分准备，细致地做好各项工作。

五、多元价值观下的大学生思想政治工作

改革开放以来，社会经济高速发展，人们的物质生活水平得到很大的提高和

改善，由于精神文明建设相对滞后于物质文明的发展，以致社会充斥着多种思想和价值观。同时，随着对外开放的不断深入、对外交流的日益频繁，西方国家的意识形态通过各种方式向我国进行渗透,对我国社会的价值观念形成巨大的冲击。青年一代的大学生，正处于价值观念形成的阶段，多元价值观的冲击将对其形成不利的影响。大学生思想政治教育是高校培养社会主义现代化合格建设者、接班人的重要一环，如何适应新情况，探索和建立新的大学生思想政治工作机制，增强大学生思想政治工作的实效性是一个值得研究的问题，也具有重要的理论意义和现实意义。

（一）多元价值观下大学生思想、行为特征

价值观即人们对周围客观事物的意义、重要性等的总评价和总看法。多元价值观下，大学生的思想、行为表现出以下特征：

1. 无理想，无追求

一个拥有高尚理想、卓越追求的人，即使最终没有实现最初目标，他的人生也是有意义的。而在多元价值观下，部分大学生却表现出了无理想、无追求的现象。这种无理想、无追求主要可分为思想和学习两个方面：思想上开始产生怀疑、漠视马列主义、毛泽东思想和中国特色社会主义的情绪，对“思修”、马克思主义基本原理、“毛中特”等课程的学习有抵触情绪；学习上“六十分万岁”的思想盛行，一些公共基础课逃课现象屡禁不止，甚至出现“大学不逃课，就等于白过”的网络流行语，还有一些学生受到“上了大学就轻松了”的蛊惑，打心底里认为大学就是一个彻底放松的阶段，不需要努力学习了，甚至少部分学生还有要将中学阶段没有玩的东西在大学时全部补玩的想法。

2. 责任感缺失，享乐主义盛行

当今“90 后”大学生，以独生子女为主，是被家庭和社会“宠大”的一代，且这一代人，家庭物质条件较为充裕，普遍存在着追求物质享受的特征。有研究显示，超过 60% 的大学生在每月购买衣服上的花费占到了全部生活费的一半以上，而 86% 的大学生每月购买学习资料在 50 元以下。

受西方民主、权利、自由等思想的影响，当代大学生的权利意识明显增强，但是责任意识却有下滑趋势。责任感缺失突出表现为“无兴趣、无所谓、无意义”的精神疲软现象。

3. 急功近利，拜金主义盛行

随着市场经济的发展，社会上追逐利益的思潮日益泛滥。在此影响下，大学生更趋向于将个人利益摆放在首位,以对自己是否有利作为判断行为善恶的标准。以班级活动为例，经常会发生少数同学因不愿意牺牲自己的利益而不配合甚至拒绝参加班级活动的现象。更有甚者，将班级的发展、荣誉与个人得失挂钩。大学

生注重个人利益的另一个突出表现是：急功近利，重视短期利益而忽略长期利益。例如，在接受学校工作任务的时候，他们更关注于完成此项工作以后所获得的经济报酬或者学校评价，而对于工作给予他们的锻炼机会及为班集体和学校所创造的贡献往往放在其次。

4. 道德失范，知行脱节

随多元价值观对传统道德观念的冲击，传统道德观念在人们精神层面的约束力一再下降，道德失范现象普遍存在。在大学生中，道德失范现象主要表现在“知行脱节”——大学生的道德认知水平虽高或掌握的道德知识虽多，但在现实中的道德行为能力却相对较弱，也就是说大学生的道德之“知”与道德之“行”不一致。最典型的事例便是考试作弊，所有学生都知道作弊是违反道德规范和学校规定的行为，但是每年都有部分同学会铤而走险。

（二）多元价值观影响大学生思想行为的成因分析

改革开放以来，我国经济、社会都发生了巨大变化，作为上层建筑重要组成部分的价值观念也发生着相应的改变，由一元传统价值观转变为多元价值观的局面，事实上已经存在于当今社会。传统价值观受到各方面因素的影响，它在精神层面对人们行为的规范作用一再下降。

1. 新媒体对传统价值观的影响

随着信息时代的到来，以互联网为代表的新媒体以其自身优势在传媒市场迅速崛起。而网络化的信息处理、创造和传播方式与由国家集权控制下的单向式、自上而下的权威主义的信息处理、创造和传播方式截然不同，这对传统价值观是一个巨大的挑战。

（1）网络等新媒体具有虚拟化特征，任何人都可以匿名在网络上发表观点，而不像面对面交流那样受到社会舆论、传统习惯等道德评价的“外来压力”，因而网络虚拟环境对人们的社会责任和道德责任有削弱作用。

（2）新媒体主要是以商业为目的，大量的商业广告充斥着各大网络，其中也不乏一些低俗的信息，文化垃圾是值得关注的一大问题。

（3）新媒体为大学生获取信息提供了多种途径、手段和形式，网络俨然已经成为青年一代的大学生获取信息的主要渠道，从而削弱了大学生对传统媒体的接受程度，甚至对教师的权威产生了质疑。

（4）新媒体的一大特色便是受众可以根据自己的喜好自主进行选择，还可以自由地发表意见，与其他人进行讨论等。这虽然方便了人们的生活，但是在一定程度上会使大学生形成过度关注自我、强调自我的价值观。

2. 多元文化对传统价值观的冲击

文化背景是影响价值观形成的重要因素，不同的文化会产生不同的价值观。

随着全球化时代的到来以及网络等新媒体技术手段的广泛运用，各国、各民族、各地区之间的交流空前加强，各种文化间的碰撞、冲突以及相互融合在所难免，多元文化的局面不可避免地出现了。多元文化的形成，一方面，可以让人们了解人类先进文明发展的成果，有助于本民族活跃思想，勇于创新；另一方面，则可能会使人们产生对西方文明的盲目崇拜，造成对本民族文化的认同危机，丧失本民族的特征。而且，一些西方发达国家为了达到其推行霸权主义和强权政治的目的，大肆鼓吹“西方文化优越论”“世界文化一体化”，以图削弱其他民族文化意识。青年一代的大学生，独立思考和判断能力还不够成熟，极易受到这种文化渗透的影响。

3. 市场经济利益观取向对传统价值观的冲击

我国自 20 世纪 90 年代开始由计划经济向市场经济转型。在市场经济制度运行中，提倡竞争、追求效率，物质利益的最大化是最终目标。这种利益观取向，一方面，能够培养人们的进取精神，充分发挥自身的主观能动性；但是另一方面，也可能会诱发单纯追求效率而忽视社会公平、单纯追求金钱和物质价值而忽视精神文化价值的倾向，产生个体至上的利己主义、不讲伦理的功利主义。这些冲突在我国社会主义市场经济的建立和完善过程中也是不可避免的。

4. 家庭教育对传统价值观的影响

家庭教育是人生的第一课堂，对一个人的世界观、人生观、价值观的形成有着十分重要的影响。当代大学生的父母大多生于 20 世纪 70 年代，正好赶上恢复高考、计划经济向市场经济过渡等社会变革，残酷的市场竞争使父母们面临各方面的压力，无形中父母会将这种压力转移到孩子的身上，从而使得我国的家庭教育出现了一系列问题。

由于市场竞争激烈，父母都期望子女有过人的能力和成就，增强孩子将来在社会上的竞争力。从小开始，家庭教育在一定程度上过于注重学生学习成绩的提高以及学生的升学、就业等情况，而忽视孩子思想道德素质方面的发展。为实现望子成龙的愿望，家庭不遗余力地给孩子提供优越的生活和物质条件，使孩子滋生好逸恶劳、追求物质享受的享乐主义。此外，由于父母工作很忙，家庭成员间情感交流减少，情感教育比较缺乏。

5. 社会环境的不良因素对传统价值观的影响

由于我国的社会主义制度还处于初级阶段，社会主义市场经济制度还不够完善，以致社会环境中存在一些不良因素冲击着传统价值观。例如：由于信息的不对称，高校教育与市场需求存在偏差等原因，大学生面临“找工作难，起薪低”等尴尬境地；又由于行业垄断、所有制等为核心的制度性阻隔或部门自有保护模式，而形成“分割的劳动力市场”，导致“教育回报失灵”现象——教育程度没能通过收入水平来实现其回报价值。教育的回报期望的降低，导致社会上继“文革”之后又开始出现“读书无用论”，这对于历来重视学校教育的传统价值观是一个沉重的打击。另外，明星的“一夜爆红”“一夜暴富”让许多人认为人生是有捷径可走的，明星效应对青少年思想政治教育也产生极大的负面影响。

（三）适应多元价值观下大学生思想政治工作的机制探索

1. 加强社会主义核心价值观的宣传教育

社会主义核心价值体系是社会主义制度的内在精神，是中华民族团结和睦、奋发向上的精神纽带。在多元价值观相互交锋的局面下，高举社会主义核心价值观的旗帜，加强社会主义核心价值观的宣传教育，是为处于价值选择困境中的大学生点亮的一盏明灯。在大学生思想政治工作中，宣传社会主义核心价值观，应当转变传统灌输式方法，建构教与学之间的平等、互动关系，以人为本，尊重学生的主体地位与人格人性；增强思想政治教育的实践性，而不仅仅是理论教条式的宣传。此外，应将社会主义核心价值观教育融入培养大学生的全过程，以思想政治课程、专职辅导员为主体，形成全员参与、共同担负起责任的育人环境。

2. 立德树人，师为表率

教师作为人类灵魂的工程师，其一言一行对学生世界观、人生观、价值观的形成都有很强的影响力。高校历来都是多元文化、多元价值观碰撞的前沿阵地，教师应当不断提升自己各方面的素质，为大学生的发展起到良好的榜样模范作用。首先，要加强政治理论学习，提升教师自身的理论水平，提高政治素养、追求；在面临各种错误的思潮时，能够及时做出正确的判断；当学生面临价值选择的困惑时，能够为其做出科学的分析、鉴别等。其次，要培养高尚的师德，以自身的高尚人格魅力感染学生。

3. 家校互动，共同培育良好的价值观体系

学校和家庭是大学生学习、生活最主要的两个环境，对其形成正确的价值观有着十分重要的影响。家庭教育和学校教育一样重要，是互相辅助、互相补充的，因此，家校互动、合作是十分必要的。从高校的角度出发，加强家校互动可以从以下几个方面出发：第一，制定家校互动的具体措施、方案，包括长期计划和目标等，并将其纳入学校的任务考核目标当中；第二，拓展家校互动的方式，在传统的新生家长会、家访、电话访问等形式的基础上，可以在学校网站上公布学生的在校表现，开设家长交流论坛等，以突破家校沟通在时空上的限制，降低家校互动的难度和成本；第三，学校应将家校互动纳入财政预算中，给予资金支持，这样才能保证家校互动的顺利开展。

4. 从基础教育抓起，筑牢价值观体系根基

一个人的世界观、人生观、价值观的形成是一个发展变化的动态过程，

应该从小就开始重视，从基础教育抓起，而不是将这个艰巨的任务完全留给大学阶段来完成。虽然自20世纪80年代国家就提倡进行德、智、体、美全面发展的素质教育，但是由于高考制度始终未曾改变，以致中小学教育始终将学生的考试成绩、升学率作为关注的焦点，而对于培养学生的高尚道德情操、树立正确的价值观、发展完备的思想政治素养等工作重视程度不够。在基础教育阶段，加大思想政治教育工作力度，是大学生思想政治工作的基础，应当予以高度重视。

大学生是我们国家继续向前发展的重要力量，大学生各方面素质与我们国家未来的发展方向息息相关，而其思想状况、价值观念更决定了我们的国家意识形态是否能够继续推动国家发展。多元价值观相互碰撞是目前大学生思想政治工作面临的一大困境，如何在多元价值观下开展好大学生的思想政治工作、培育出符合社会主义现代化建设要求的接班人，还需要广大学者深入探讨。

第三节　高校学生管理存在问题和解决策略

一、学生管理工作存在的问题和相关对策

学生管理工作是高校管理的一个重要组成部分，它是衡量一所学校管理水平高低的重要标志。1999年扩招以前，我国高等教育一直处于精英化的阶段，接受教育的数量少、质量高，但是扩招后高等教育逐步进入大众化阶段，大学生素质参差不齐，学生更有活力和个性，学生管理工作更加困难。传统学生管理工作中一些不适应时代要求的弊端逐步显现，亟待改革和创新。

（一）学校学生管理工作主要内容

1. 学籍管理

学籍管理包括学生身份的认定和管理、课程安排、课程考核和成绩管理、毕业和学位资格的审核等工作。

2. 日常事务管理

学生日常事务管理包括干部选用、奖助贷勤、班风学风考风建设、资困助学、突发事件处置等。

3. 毕业生就业工作

这包括学生的生涯规划、日常的就业指导等。目前就业形势一年比一年严峻，高校毕业生的就业问题已经成为一个关系到社会稳定的重要问题，因此对学生进

行生涯规划、就业政策和就业方法的指导，帮助毕业生和单位牵线搭桥，成为高校学生管理工作的重要内容。

4. 校园文化的建设和校园秩序的管理

这包括学生日常行为规范管理、学生自我管理、学生社团管理、学生公寓管理、学生活动管理等方面，纷繁复杂，管理难度也比较大。

学生管理工作除了以上几大模块外，还包括学生组织发展工作、学生心理健康工作等。

（二）高校学生管理工作存在的问题

1. 高校学生管理无法适应学分制条件下的教学模式

现行学生工作运行体制是以班级为单位的，与学年制相适应。学生基层组织成员相对稳定，学生教育管理体制层次清楚。但是在学分制教学模式下，学生自主选择专业、选择任课老师、选择上课时间，淡化了班级和年级概念，班级成员在时间与空间上具有一定的差异性、流动性、不稳定性。班级的职能也随之被削弱，班集体的凝聚力也大大减弱。现行学生教育管理基层组织对学生的约束力及影响力下降，已不能达到有效地教育管理的目的，从而使现行的学生工作运行体制无法正常进行。

2. 高校学生管理工作和社会脱节

高校学生管理工作的主旨在于培养学生发展的能力，并为其终身的发展奠定基础。在高校学生管理工作实践中，我们习惯于运用制度规约、榜样的力量，过多地干预和构建高校学生管理的工作环境，投射到学生管理中的都是积极的、正面的因素，无视真实的生活图景。处于真空无菌状态中进行的教育不能抵御外界的侵蚀。随着网络的迅速普及和高校校园的建设与日益完善，大学生已成为网络社会的主要群体之一。高校学生管理注定在现实实践中屡屡碰壁。因此高校学生管理不应该在虚拟的环境中自娱自乐，必须回归生活，以开放的姿态构建高校学生管理的大环境。

高校学生管理工作片面地停留在运用强制性的方法，通过外在的规范制度约束学生。以往在高校学生管理工作中，严罚的快速见效性和对机械式管理思维的迎合性，都使得以德为主的理念在高校学生管理中受到推崇。事实上，采取“堵截”的做法，采用强迫强制的方法使其接受外界的规范，抹杀学生主体的意识，并未取得预期的效果。

3. 学生辅导员队伍师生比严重失衡

教育部颁布的《普通高等学校辅导员队伍建设规定》中明确规定，辅导员数与所带学生之比为1∶200。而实际上由于高校辅导员待遇低、工作烦琐、流动性大，不少高校严重超标，有的学校达到了1∶400，乃至更高。这在一定程度上导致了辅导员负担加重，工作流于应付日常工作，无法在时间上和精力上对学生进行过细的思想政治工作，无法及时给予心理问题的疏导。

4. 高校学生管理工作理念落后

计划经济时代，高校学生管理者充当长者的角色，采用行政化的方式，说教训导，削弱了学生的主体地位，管理上强调整齐划一，忽视学生个性的发展；强调制度对学生的约束和规范作用，忽视了学生判断能力的培养，忽视了学生作为主体的存在。高校管理工作在忙于众多事务性工作的遮蔽下，重管理轻服务，简单停留于让学生服从管理、听从安排，重视满足学校的现实需要，重视稳定和发展，而忽视学生的处境和长远的发展要求，用经验代替民主管理，用问题式管理代替发展式管理，用事后处理代替预警机制，渐渐丧失了对高校学生管理工作的本真认识。

（三）改进高校学生管理工作的对策

1. 创新高校学生管理工作理念

（1）树立以人为本的理念：高校学生管理工作是以人为本的事业，人文关怀是其核心。彰显人文关怀，高校学生管理工作一定要有人情味，把服务学生、尊重学生、关心学生、培养学生、激励学生，围绕以学生成长和成才，促进学生全面发展作为学生管理工作的根本目的。以人为本的核心就是管理者对人的尊重和信任。这里的尊重和信任，并不是在管理上对学生不理不管、放任自由，而是以一种更积极的认真的态度，把参与管理者变为学生自身的一种需求，充分信任学生的自我管理能力、自律能力和协调能力，以激发学生学习和生活的热情，在尊重信任学生的基础上体现严格的要求。

以人为本的理念把大学生作为教育活动、管理活动的主体，在教育和管理活动中注重培养学生的自主性、独立性和创造性。为此要在学生管理的各个环节注意培养和强化大学生的创新意识，着力引导大学生探索科学奥秘的兴趣，积极鼓励学生对已有的权威理论提出自己的见解和新思想。要减少对学生的强制和监督，只对学生提供一些方向性和指导性的建议和意见，放手让学生自己。组织活动，鼓励学生在活动中“百花齐放”。

（2）树立民主的观念：高校学生工作管理要将学生放到应有的主体地位，并努力营造平等、民主的人际氛围。同时保障学生民主自由的学习权利。另外，要彻底改变高校学生管理工作“行政化”“机关化”倾向，要求学校放低姿态，从各方面为学生提供服务。

（3）树立法制的理念：

1）要强化学生管理的法制观念。首先必须全面准确地认识学校与学生之间的法律关系；其次必须全面准确地理解法律赋予高校“依法自主办学”的内涵，切实保障学生的合法权利。

2）要规范学生违纪处理程序。对违纪学生的处理不仅要事实确凿，而且程序合法，使惩戒权的行使遵循和符合法治精神的规范步骤和方式，避免工作运行中的无序性、随意性和偶然性。关于处分前程序，应加大宣传力度，使学生对有关规章制度熟知，真正使遵纪守法的观念深入人心；关于处分中程序，学校在对违纪学生做出处分决定之前，要通过口头或书面的行式告知学生对其的“指控”事实，听取学生的陈诉、申辩和质疑。

2. 拓展高校学生管理工作途径

（1）搭建思想教育平台，让科学理论融于实践中。高校学生思想主要包括理想信念教育、爱国主义教育、基本道德规范教育等。在高校学生思想教育工作中，应该将理论知识与现实生活相联系。从生活中寻找事例支撑理论，采用有针对性的事例进行教育。在方法上，坚持知行统一，摈弃以往单纯重视说教的做法，积极开展道德实践活动，把道德实践活动融入大学生活之中。

（2）与时俱进，主动占领网络思想教育新阵地。全面加强校园网的建设，使网络成为弘扬主旋律、开展思想政治教育和管理服务的重要手段。建设具备思想性、知识性、趣味性、服务性于一体的主题教育网站或网页，积极开展生动活泼的网络思想政治教育活动，形成网上网下思想政治教育的合力。

构建校园网建设的支撑体系。学校要适应信息时代的发展，搞好校园网的建设，在提供良好技术服务的同时，组建专门的网上监督机构，注意技术把关，屏蔽过滤一些不健康的信息。

3. 加强心理健康教育

（1）建立并完善学校、学院、学生“三位一体”的三级工作制度。一是学校要成立大学生心理健康教育中心，主要开展心理健康普查，建立心理健康档案，负责开设心理健康教育系列选修课、心理咨询门诊，开展团体心理训练等。二是在各个学院配备院级心理健康教师，主要解决学生发展过程中遇到的心理困扰问题，起承上启下、衔接沟通、强化教育效果的作用。三是各班建立心理联络员，及时了解学生心理健康状况，做到早觉察、早预警、早处理。

（2）积极构建课内与课外、教育与指导、咨询与自助三结合的多层次多方位的大学生心理健康教育体系。将心理健康课程纳入学校课程中，通过帮扶团普及心理健康知识，选送辅导员参加心理咨询师培训等。

（3）建立完善的工作机制。一是实施全校性心理普查，重点筛查有严重心理问题的学生，采取主动措施进行干预，积极预防和缓解学生的心理问题，控制和妥善处理严重心理疾病可能引发的突发事件。二是针对各个年级学生可能遇到的心理问题，采取不同措施，运用不同方法帮助学生进行解决。三是建立心理问题高危人员的预防和干预体系，做到尽早发现、及时预防、有效进行危机干预。

二、学分制下大学生三自教育能力培养

从 1978 年部分高校试行学分制以来，中国高校目前已全面推行学分制教育。和原来的学年制教育区别较大的一点是：学分制教育对学生的自我学习和自我管理能力要求更高。优秀的学生可以提前完成学业，学习能力较差的则要延长学习时间，大学生能力素质的个性化、差异化日益明显，高校的人才培养方式需要做出相应改变。

2004 年中共中央、国务院《关于进一步加强和改进大学生思想政治教育的意见》中指出，加强和改进大学生思想政治教育的基本原则之一是："坚持教育与自我教育相结合，既要充分发挥学校教师、党团组织的教育引导作用，又要充分调动大学生的积极性与主动性，引导他们自我教育，自我管理，自我服务。"这也就是我们所说的"三自教育"。高校学工队伍怎样在学分制下培养大学生"三自教育"能力，作为一名多年从事高校学生管理和教育工作者，笔者有以下建议。

（一）上好三自教育第一课——新生入学

大学新生进校，面临的不仅仅是学习方式、生活环境的改变，还有学习观念的适应和更新。很多新生才从紧张的高中阶段学习中脱离出来，进入了没有早晚自习、没有周考月考的大学，一下子觉得无人约束，非常放松，就很容易觉得不用再努力，大学文凭可以轻松到手。这种松懈的念头带来的是期末成绩的挂科。据调查，不少同学大学唯一的补考记录都是大一第一学期期末得到的。高中到大学的学习观念转变，是每个大学新生必须学会的第一课。

在新生进校后入学教育时间有限的情况下，很多高校的入学教育重点放在专业教育介绍上面，减少或省略了其他内容，学生带着迷茫的心态来面对扑面而来的大学生活，不懂怎样合理分配时间，不了解哪些是主要任务哪些是次要任务，不会主动利用各种校园网络资源和图书资源，盲目地把大量精力投入过多的社团活动，自我管理和教育能力没有得到培养，直接就输在了起跑线上。曾经有学生讲："我大学四年过得像梦一样，如果有人在大一的时候点醒我，我就不会以现在的成绩毕业！"

在学分制状态下，由于实行了选课制，学生可以根据自己的能力提前或推迟毕业，可以根据自己的兴趣、爱好自由地选择课程，自主制订学习计划。对于新生而言，尽早熟悉游戏规则，合理制定大学各阶段学习目标，认真执行计划，就可以实现学习成绩优秀、辅修第二专业甚至提前毕业。

学校需要认真开展新生入学适应性教育，包含专业设置、各种校内网学习资源利用、学校校情、生活设施分布、安全教育、大学新生心理转变等内容；学院应安排专业老师对口班级作为班导师，对学生的学习问题指导答疑、制订大学学习计划；

辅导员和学院党团组织都应组织各种形式的新老生经验交流会，对各种学习生活相关的问题进行一一解答，对如何加入学生组织、如何安排学习休闲时间给予合理化建议……让新生通观明了大学四年的学习发展任务，初步树立自己的成长目标，就可以不因无知而迷惘、不因懈怠而荒废时光，能够有计划地度过大学四年。

（二）做好三自教育基本功——学业职业规划

作为进入社会的前一站，我们可以把大学看作是“职前培训学校”和“人生跑道的起跑点”。在大学期间，学业如何合理规划实施、职业如何规划准备，都要有认真的思考。中国有句老话——“不打无把握的仗”就充分说明这一点。进入高校并不是“船到码头车到站”，每年高校都有不少学生因学习成绩差被退学，甚至还有曾获得新生入学奖学金的，这让我们教育工作者非常痛心。教育学生学会管理和规划自己的大学时间，分阶段安排学习和实践任务，充分利用各种学校资源和社会资源，让学生成为更出色的人，这是各高校近年来越来越重视的地方。如果把大学比作是一个教育企业的话，那学生就是我们的产品，学生就业创业率的高低、优质就业的多少，直接体现高校的教学质量，决定了高校今后的招生吸引力，甚至决定了各专业是继续发展还是被停办。高校不再是高高在上的象牙塔，它必须与社会接轨，让学生成为符合社会市场需要的人才。

高校应指导学生在大一年级制订好四年学习计划，安排学业导师跟踪督导，成立学业辅导小组，由高年级学生担任组长导航，确保计划顺利实施。特别是对学习困难和学习动力不够的学生的指导尤其应该加码。学院应该结合专业，组织各年级学生到专业对口就业单位参观实践，提前认识自己的学习任务，找到职业发展目标，不盲目学习。对于有创业意愿和能力的学生，应通过组织校内创业活动，指导学生参加各级创业比赛，资助学生创业项目、创造校内创业平台等方式来进行培养。在有条件的情况下，学校还可以邀请校友担任创业导师、开办创业讲座、提供创业学习机会等。做到这些，学生创业就非常容易。目前我国的各项政策也支持小微企业的发展，这为大学生创业创造了更好的社会环境。学校应该多与社会联系，以发展的眼光来看待学生创业，把目光从传统的就业指导转移到创业指导上来。

（三）开展三自教育以人为本——学生个性学习指导

大学生的学习能力和学习兴趣是有很大差异的。从学习效果而言，有成绩非常优秀的学生，也有被学业警示多次而面临退学的。一般高校的学风建设精力很多都放在后者上面。而对优秀的尖子生，往往采用放养的方式管理。某重点高校的学工部长说：“我们的学生不用管，他们自己都要学习，我们不用搞什么学风建设。”笔者认为，这个观点并不正确。好田不耕也会荒，好苗不管也愁长。优秀的学生要成才，更需要加强三自教育，否则就会“伤仲永”。

严隽琪认为，现代大学的责任是“培养人才、产出学术成果和引领思想”“在大学阶段要适时将学生的兴趣聚焦为志趣、转化为志向”“建立开放活跃的教育环境，造就具有国际视野、跨文化修养和国际合作能力的国际性人才”。如果高校的目标只是培养一批批有大学毕业证的人，那就不能尽到大学的责任，无法满足社会的需求。

高校应关注学生不同特点和个性差异，发展每一个学生的优势潜能，有针对性地开展学生三自教育。推进分层教学、走班制、学分制、导师制等教学管理制度改革，建立学习困难学生的帮助机制，促使学习能力差的学生改进学习方式，改变学习作风，帮助他们完成学业，拿到大学文凭。对学习能力强的学生，我们更应该做好学生个性和能力分析，“改进优异学生培养方式，在跳级、转学、转换专业以及选修高一学段课程等方面给予支持和指导”，有针对性地成立学习指导小组，拓展学生发展空间，创造更多的发展机会，进行精英教育。作为学生工作者，我们经常发现，学生的创造性和学习能力是无限的，只要平台足够大，机会足够多，学生创造的成绩甚至可以超出我们的想象。有些高校对这一方面非常重视，建立了专门的学业指导机构，设立学习优秀专项奖励，资助学生科研，资助学生出国交流学习，建立高校之间学生交流平台，对特别优秀的学生单项指导，建立“2+2”国内外各两年专业教育互认学分模式，对个别长期合作的单位需要的专业学生订单式培养等。套一句广告词来说“一切皆有可能”。只有想不到，没有做不到。打破常规思维模式，不拘泥于传统培养方式，高校才会越来越受到家长和学生的欢迎，实现自己和学生的“双赢”。

（四）完成三自教育必要环节——实践育人

什么是人才？社会需要什么样的人才？大一学生上第一节思想品德修养课的时候，老师就会提出这个问题。综合来讲；人才是指具有一定的专业知识或专门技能，进行创造性劳动，并对社会做出贡献的人，是人力资源中能力和素质较高的劳动者。21 世纪最重要的就是人才，人才的竞争已经成为企业竞争的重中之重。大学生只有成为人才，才能为社会所欢迎，获得更广阔的职业发展前景。百度词条认为“人才应具备‘技术与业务能力、组织与规划能力、说服与交流能力（即语言能力）、数字与计算能力、想象能力和文理贯通能力’”。“学生综合素质全面发展”是在国家人才培养指导文件和高校的各种人才培养方案中频繁出现的词语，只懂学习专业知识的不能称为人才。

高校往往把人才培养方案分解成第一课堂（教师组织的教学计划内学习实践）、第二课堂（学生工作系统和学生团体组织的教学计划外学生活动），有的高校甚至发展到第三课堂（其他单位组织的实践活动，如社会单位、校内其他单位等）。第二课堂和第三课堂是第一课堂的必要补充，是整个人才培养方案的重要组成部分。学生通过参加有益的学生活动，培养自己的三自教育能力。演讲比赛可以培养口头表达能力，辩论赛可以培养逻辑思维能力，设计大赛可以把知识转化为现实产品，艺术表演可以提高人文素养，体育活动可以增强身体素质，班会活动可以培养组织策划能力，读书活动可以让自己发现专业知识外的学习兴趣……丰富的学生活动让学生除了具备学习能力外，还增强了管理、沟通、协调、组织策划等能力，真正实现把书本知识和现实生活相结合，成为合格的职业预备役。往年甚嚣尘上的少年大学生班已退出历史的舞台，高分低能的现象被普遍警惕，学生综合能力培养受到学校和社会的重视。

当今的大学生是思维活跃的一代，有着敏锐的头脑、积极的实践欲望和国际化信息视野。不管是大众化教育还是精英化教育都不能全校一盘棋，用一杆标尺来衡量和实施。目前国内很多高校都在积极培养学生的三自教育能力上苦下功夫，总结了不少经验。有的高校还在三自教育的基础上增添了更多的内涵，发展出四自教育、五自教育甚至六自教育，不过，其内容基本上都是对三自教育的有益补充。高等教育飞速发展的今天，学工队伍的老师们，需要与时俱进，集思广益，大胆地创新和认真地实践，不断增强学生工作队伍管理服务能力，为国家和社会培养更优质人才。

三、大学生网络成瘾的现状与对策分析

当今社会已步入网络时代，手机、互联网、微博、微信、社交媒体的广泛应用，已经深深影响了大众的生活。2015 年 2 月 3 日，中国互联网络信息中心 (CNNIC) 在北京发布的第 35 次《中国互联网络发展状况统计报告》中显示，截至 2014 年 12 月，中国网民规模达 6.49 亿，互联网普及率为 47.9%。其中，手机网民规模达 5.57 亿，较 2013 年年底增加 5672 万人。网民平均每天上网时间为 3.7 小时。学生依然是中国网民中最大的群体，占到了 23.8%。

在高校，以智能手机为主要载体的新型上网方式，已经成为大学生日常学习生活的一部分。互联网信息的海量性和交往的即时性特点，带给学生很多便利，但也给学生的日常学习生活带来了不少负面影响。不少学生无论在宿舍还是在课堂，都在忙于网络游戏，或者浏览各种网络资源，一旦离开网络就感觉自己无所事事。加之有的学生行为失控，导致网络成瘾，通宵上网，无法上课，已经严重影响了自己和他人的身心健康，学习成绩也一落千丈。网络成瘾已经成为部分大学生学习生活中的一大顽疾，亟须社会各界采取预防措施。

（一）大学生网络成瘾的界定

网络成瘾，简称网瘾，最先由纽约临床心理学家伊万·戈登伯格 (Ivan

Goldberg) 于 1990 年提出，并于 1996 年首次将这种现象命名为“网络成瘾障碍”(Internet Addiction Disorder，IAD)。在 1996 年的英国心理学年会上，他首次公布了这个概念，即指对网络过度依赖而产生明显的心理异常症状，而且存在生理受损的倾向。之后，世界各国的学者开始对网络成瘾现象做了深入的研究，取得了很多成果。但网络成瘾的具体概念，一直争论了很多年。

2008 年 11 月，由北京军区总医院制定的《网络成瘾临床诊断标准》通过专家论证。标准中明确指出:“网络成瘾是指个体反复过度使用网络导致的一种精神行为障碍，表现为对网络的再度使用产生强烈欲望，停止或减少网络使用时出现戒断反应，同时可伴有精神及躯体症状。”其中，把“平均每日连续使用网络时间达到或超过 8 小时，且符合症状标准已达到或超过 3 个月”作为诊断标准，这也是“网络成瘾”首次被列为精神疾病治疗范围。2013 年 7 月 15 日，《网络成瘾临床诊断标准》被美国精神病协会纳入正式出版的《精神与行为疾病诊断与统计手册》，标志着该标准正式成为网络成瘾疾病诊断的国际标准，这也是我国第一个获得国际医学界认可的疾病诊断标准。

目前，随着网络在高校的迅速普及，高校大学生已经成为网络成瘾的高发人群。据北京市疾控中心学校卫生所针对全市逾 3.7 万名大中学生的调查显示，近两成男生每天玩游戏 4 个小时以上，全部受访学生中，12.2% 有网络成瘾倾向。男生明显高于女生，分别为 14.6% 和 10%。从上网的地点看，67.3% 的大学生在学校上网。上网条件宽松、缺乏监督和父母约束的大学生网络成瘾的比例最高。大学生网络成瘾率为 14.8%。网络对大学生的影响，由此可见一斑。

（二）大学生网络成瘾的表现及危害

关于大学生网络成瘾的表现及危害，情况比较复杂。在大学生痴迷的网络内容方面，涉及网络游戏、网络视频、网络交友、网上购物等。总体上，无论哪种网络内容，都能让部分大学生深陷其中而不能自拔。久而久之，这些无度上网的学生，大都会陷入沉默寡言、人际关系紧张、学习成绩下降的境地，严重时会走向犯罪。

1. 不善交际，严重依赖网络

沉溺于网络者大多不爱和别人交往，很少参加班级的集体活动，人际关系不佳。平时上课、参加班级活动总是一副无精打采的样子。但一旦打开网络，他们就会精神百倍，前后判若两人。

2. 自我约束能力丧失，不上网就会暴躁不安

网络成瘾的学生，自我控制能力下降或者消失，他们可以连续很多天足不出户，吃饭时从网上订餐，困了就和衣而卧，几乎放弃正常的课堂学习，如果有学生和他们说话，都会让他们产生不耐烦的心理。一旦网络中断或者必须放下网络，

他们就会无所事事、暴躁不安，甚至会和师生、亲友发生冲突。

3. 无度上网，不能正常进行学习

无节制地在宿舍通宵上网，在课堂上不时玩弄手机，因为睡眠不足而导致的迟到、旷课以及在课堂上睡觉以及在课堂上玩手机的现象显著增多，特别是大教室合班所上的公共课，能够到达教室的学生中，玩手机的比例可以达到一半。上网就会挤占正常的学习时间，不少学生学习成绩由此明显倒退。

4. 给自身、家庭、社会带来损害

大学生是家庭的希望，是社会未来的建设者，承载着亲友对他们的无限期待和梦想。他们的成功，会振兴一个家庭；他们的失败，会给周围的社会带来很大的负面影响。

在高校，每年都有学生因为过度上网而休学或者退学，其中不乏因为迷恋网络而被名校退学的“状元”级学生。而因为网络成瘾休克、死亡以及盗窃学生财物的现象也时常发生。网络成瘾会造成大学生视力下降、生物钟紊乱、神经衰弱等生理特征，停止上网时会出现失眠、头痛、注意力不集中、消化不良、恶心厌食、体重下降的情况。有时网络成瘾的人还会出现品行障碍，诱发他们不与人交往、暴躁、产生攻击性等反常行为，一些人甚至会滑向犯罪的深渊。据中国青少年心理成长基地调查，与正常组的同龄青少年相比，网络成瘾者前额叶的供氧量平均下降了11%~13%。在网络成瘾的孩子中，58%都有打骂父母的行为。由此看来，大学生网络成瘾的危害，已经到了必须引起社会、学校、家庭等各方面的特别重视的地步了。

（三）网络成瘾的原因

大学生都是有较高文化素质的青年人，他们精力充沛、好奇心强，因此，分析他们网络成瘾的原因，对于预防和根治大学生网瘾，具有拔本塞源、防微杜渐的作用。

1. 应试教育的影响

在中国，由于人口众多，优质教育资源比较稀缺，竞争力很大，这就导致了很多孩子只能通过高考进入理想的大学，以便将来找到一份不错的工作。于是，起早贪黑、两点一线的苦读，就成了十余年中小学学习生涯的写照。高三的教室里到处都贴满了励志的标语，老师、家长灌输给学生的理念，就是考上大学，光宗耀祖。很多学生考上大学后，没有了高考的压力，远离了父母的约束，加之大学上课地点是流动教室，上完课后的时间比较自由。于是，刻苦学习的劲头松懈了，有的学生在盲目的跟风中，选择了上网打游戏，久而久之沉溺其中，不能自拔。

2. 网络环境的影响

当今社会已经进入新媒体时代，网络的发展使得世界瞬间联系在了一起。

在大学校园的每一个角落，只要打开智能手机，就可以随心所欲地上网聊天、打游戏、购物、看视频。特别是网络游戏的激励机制和升级机制，使得一些生活压力大、性格内向、对现实不满、对未来悲观的学生找到了实现自我价值的场所，虚拟武侠世界里的天下无敌的自豪感，让他们产生了极大的满足感。另外，网络游戏普遍具有不同程度的暴力、恐怖、色情、淫秽、赌博等相关内容，很容易吸引刚刚考入大学的青年学生。于是，在相当一部分男生宿舍中，彻夜网络游戏、集体逃课、抽烟酗酒、考试作弊等，就成了一个宿舍的集体行为。

3. 学科专业的影响

在平时带班的过程中，老师们会发现，学习成绩差的学生网瘾比例较高，而无节制地上网更进一步促进了厌学情绪。学习差和网瘾是相辅相成的，学习差的学生容易去上网，因为他在生活里面不如意，觉得学习负担重。然而，过度迷恋上网又容易导致学习更差，这是一个恶性循环。而导致厌学情绪的原因很复杂，其中个人的专业爱好影响较大，调剂专业招生进来的学生更容易产生厌学情绪，进而影响学习的兴趣，最后导致网络成瘾。

4. 家庭氛围的影响

研究发现，家教规范、成员和睦、氛围温馨的家庭，孩子多活泼开朗，迷恋网络的比例较小。反之，缺少父母关爱的孩子，由于缺少归属感和成就感，上网成瘾的比例就会高很多。

北京军区总医院成瘾医学中心主任陶然等专家，曾经对本院收治的 641 名网络成瘾 (IAD) 青少年进行临床一心理分析发现，家庭因素是导致青少年网络成瘾的主要原因。近八成 IAD 青少年的家庭生活不和谐或父母感情不融洽。71.2% 的年龄在 15~19 岁，以 17 岁为最多；男性明显多于女性，前者是后者的 25.7 倍。过度沉溺于网络，引发许多身心方面的症状，表现各种精神症状的比例从 23.1% 到 94.5%，主要有注意力不集中、情绪低落、焦虑和情感淡漠、生活懒散、冲动毁物等。他们当中 65.% 有头晕、乏力、周身疼痛、视疲劳等躯体不适症状，睡眠节律紊乱者高达 94.1%。

5. 大学生自身心理特点的影响

大学生正处在青春发育期，身体和心理都发生了很大的变化。他们来到一个陌生的环境中，在和周围同学的对比中，开始关注自我能力的展现，希望能在学习、课外活动、人际交往中获得成功和师生的认可。他们年轻气盛、血气方刚，但心理又非常敏感和脆弱，对陌生的环境充满戒备心理。一旦在学习生活中受到挫折，他们就会感到失败和不安，自信心下降，会促使他们寻找其他的方式来实现自己的成就感和人生价值。而网络游戏的低门槛、娱乐性、激励性，就会使他们很容易就尝到闯关胜利的成就感，这种成就感是在平时的现实世界里很少会体验到的，于是，在好奇心和成就感的驱使下，很多大学新生就一步步陷入到了网络游戏中，最后网络成瘾而不能自拔。

（四）网络成瘾的干预措施

关于网络成瘾的研究，已经有20余年了。这期间，网络世界也已经发生翻天覆地的变化，虽然国内外众多的专家学者都提出了很多限制、根治网瘾的措施，但对网瘾的防治成果依旧赶不上网络成瘾者的增长速度，这是一个不争的事实。特别是在双休日、节假日、晚上的学生宿舍里，打开的电脑上到处都是刀光剑影、喊杀声震天，真正用电脑来学习的大学生少之又少。怎样对处于网瘾中的大学生进行有效的干预，是一个系统的工程，需要社会、学校、家庭、个人等各方力量共同合力面对。

1. 社会方面：整治环境，强制管理

关于学习的境界，三国时，诸葛亮在《诫子书》中曾反复强调了“静”与“学”的关系。因此，从社会层面来说，需要给大学生提供安静的学习环境。这就需要制订可行的方案，整治学校周边的环境以及网络内容，为学生提供风清气正的学习环境，以减少容易带给大学生不良诱惑的信息和物质资源。

2. 学校方面：正确引导，预防为主

高校作为大学生最直接的教育管理方，应该积极介入到学生的学习生活中，探索网络成瘾的预防机制。首先，可以尝试素质教育，打破唯分数论，使学生在德智体美等方面全面发展，积极开展学生的情商教育，使他们积极投身到科学文化之中，增强动手操作的能力；其次，学校要加强教师个人的师德建设，“守好政治底线、法律底线、道德底线，确保课堂讲坛风清气正”，给同学们传递正能量的知识，使他们喜欢教师的课堂教学，而不是在课堂上无聊地玩手机；再次，学校要举办丰富多彩的文体活动，使大学生的注意力、好奇心离开网络，转移到校园文化上来，进而在学习活动中找到快乐和归属感；最后，辅导员、班主任、任课教师要走进学生中间，重点谈心，建立帮扶小组，使同学们在集体的学习中共同进步，杜绝网络成瘾。

3. 家庭方面：心理关怀，药物治疗

家庭在孩子的成长中扮演了非常重要的角色，父母亲人的一言一行对孩子的身心健康、价值取向、性格气质影响巨大。研究发现，家庭是预防青少年网络成瘾的最重要战场之一，网络成瘾的孩子里60%都是父母原因导致的，网络成瘾的孩子普遍缺乏对父母的同情心和理解。只有自卑才会沉溺于网络游戏。因此，在预防和根除网络成瘾的过程中，家庭要对处于网瘾的学生多多给予关怀，让他们感受到来自家庭的安全感和归属感。对于基本上丧失学习生活自主能力的网瘾学生，要适当采取药物辅助治疗的方式，以便尽快使他们脱离网瘾的生活，回归到正常的学习生活中来。

4.个人方面：自立自强，唤醒自我

唯物辩证法认为：“内因是事物发展变化的根本原因。”作为一名令亲友羡慕的青年大学生，一定要树立远大的理想，对于网络，要采取辩证的方法——“取之有道，用之有度”，这就需要大学生具有坚强的意志，时刻准备着唤醒沉睡的自我意识，“不以恶小而为之，不以善小而不为”，努力做到“慎独”。

四、教育转型中的高校学分制管理危机与治理对策

学分制是生产力发展、科学技术和社会进步的产物，它是一种以学分为计量单位衡量学生学业完成状况的教学管理制度。我国高等教育学分制，经过了从引进应用和不断发展的历史过程。高校学分制从新中国成立以前至今的近百年历史，对于深刻了解我国高等教育学分制的形成、发展过程及其特点是十分必要的。高校学分制的管理危机，对于当前高校学分制的实施和发展无疑具有宝贵的借鉴意义。

（一）我国高等教育学分制的历史发展及演变

潘懋元教授认为：“学分制是一种以选修课为前提，以学习量为计算单位的，有弹性的教学计划。”我国的学分制根源于北京大学，起始于东南大学。1917年北京大学开始引进和应用德国大学的选科制教学制度，遵循德国的“洪堡传统”；1921年6月在南京成立的东南大学在国内率先采用学分制，其以美国大学为蓝本，从学制体系到系科设置，从办学形式到教学制度，几乎都仿效美国大学的模式；1923年，北京师范大学成立之初就实行学分制。1924年2月，教育部又公布了《国立大学校条例》，正式把学分制确立下来：“大学各院采用学分制，但学生每学年选习课程有所限制，不得提前毕业。天资聪慧者可在最后一年选习特种科目。”1929年8月国民政府颁布《大学规程》第九条规定：“大学各学院得采用学分制，但学生每学年所修学分须有限制，不得提早毕业。”1931年1月，教育部公布《学分制划一方法》，通令各校一律采用学年学分制，并规定大学学生应修学分最低标准；除医学院外，四年须修满132学分，始准毕业。这一时期，各大学基本上实行了学年学分制。抗日战争时期，西南联合大学形成了完善的学分制管理制度。抗战胜利后，教育部根据注重主要科目、酌减学分数、科目集中、选修科目不必太多等原则，继续对大学课程进行调整，学分制得到了一定程度的发展。

新中国成立前的高校施行过相当长时间的学分制。新中国成立之后，特别是1952年院系调整直到1978年，学分制再次崭露头角，出现了全国范围内实行学分制的第一次“高潮”。当时，教育部提出有条件的学校可以试行学分制。从

20世纪70年代末开始，中国高等教育站在新的历史高度对它重新审视，指出学分制是资本主义经济发展和民主政治进步的产物。1978年，教育部确定几所重点大学为学分制试点学校，不久，题为《试行学分制，多快好省地培养人才》的文章在当时的《人民教育》上发表，标志着我国早年根据西方高等教育理念建立的大学，在中国高等教育发展史上特殊的十年终结之后，否定之否定，教学制度借鉴的目光又悄然投向西方。20世纪80年代初期，人们认为试行学分制是高等教育积极适应社会经济变革对人才需求的一种努力。20世纪90年代则有学者认为，学分制是市场经济下大学教学活动的必然选择。截至1996年年底，全国近三分之一的高校已实行了学分制。

教育转型的今天，以学分制为主题的教学管理体制深化改革正如火如荼，方兴未艾。在这种形势下，深入研究学分制发展规律，从而找出适合我国国情和高等教育内涵式发展的学分制模式是非常有意义的。

（二）教育转型中我国高等教育学分制管理存在的问题

教育转型过程中，高等教育实施学分制具有重要的现实意义。它能更好地适应高等教育事业迅速发展、办学规模扩大的新形势，也与高等教育内涵式发展的趋势相吻合。但是，我们必须清醒地认识到，推行学分制是一项庞大的系统工程。当前，我国高校大多处于由“学年学分制”向“学分制”转变的过程中。虽然学分制改革在高校取得了较大的成就，促进了我国高等教育内涵式发展，但在实践的具体过程中依然存在一些不容忽视的问题。

1.学分制与课程设置缺乏科学构建

（1）选课缺乏指导性。现在很多高校对选修课程和教师缺乏系统详尽的介绍，且选课周期长；很多学生选课缺乏科学性，避难就易，没有依照个人兴趣和学习能力来选课；另外，缺乏选课市场的前瞻性。

（2）专业知识结构缺乏合理性。当前的教学管理组织结构不利于教师开设跨专业、跨学科的课程。选修课的数量和质量具有局限性，形式化现象严重，特别是优秀教师的课程成为稀缺资源。院系专业间的组织壁垒制约着跨学科、跨专业的课程的设置，阻碍了知识的融合。

（3）衡量标准简单化。传统的考试方式与学分制下学生多样化的知识结构不适应，课程考试不能全面反映学生知识掌握情况。

2.学分制与教学管理缺乏弹性

（1）教学管理难度增大。实施学分制下的教学提倡自由选择课程和自主安排上课时间，课堂秩序控制难度较大，且选修课要求宽泛，教学质量面临许多问题。

（2）教学管理缺乏弹性。高等学校学生调换专业困难，条件苛刻，程序烦琐，且比例较低；在各个学年中学分分配较为固定，不利于提前修满学分、提前毕业。

社会实践所占学分比例过低，甚至有的学校根本没有设立“创新学分”一项。

（3）硬件设施不健全。在高等学校中，网络选课系统效率不高，稳定性有待加强，图书资料明显不足。学分制排课困难，教师等资源使用冲突相当大。

除此之外，新时期的高等教育课堂存在管理不严、学业管理松懈、学分制收费制度不完善等，都影响了高校学分制的深入改革。我们必须在严格规范教学管理的基础上，同时配套相应的人力资源管理、资源分配制度作支撑，设计出更加完善的学分制度，以带动和促进高等教育人才培养模式的系统改革，从而提升高等教育的质量。

（三）高校学分制管理危机的治理对策

学分制是大学理念的制度表现形式，其生存与发展是遵循一定的内在逻辑的。即学分制在衍生过程中既呈现出外部层面的表象，又突显出其内在的衍变特性。高等学校对学生的课程不但应有一个最低限度的要求标准，而且学生选择课程应该受到一定的限制，避免盲目选课，造成资源浪费。同时，高等教育课程的选择应该有一定的灵活性，学生所选的课程必须是能达到学校所规定的教育目标和人才标准、培养学生分析问题与解决问题的能力的课程。

1. 选课应该予以科学指导与制度限制

笔者认为，在现代高等教育发展过程中，并不是所有课程都具有同等价值和教育功能。高等教育的选课制度应该施行部分自由选修，并以市场和专业化为导向的教育模式。教育转型时期，教师应该给予学生适当的指导，为避免学生学到的知识缺乏体系，必须将学生的课程纳入一定的框架，使其可以在这个框架里适度行使自己的选择权力。

（1）推行指导教师负责制。内涵式发展的高等教育，是由“管约”过渡到“引导”，在尊重学生选择的前提下，克服学生盲目选课。指导教师可以引导学生选择课程，解答学生学业疑问，以保证学生的选课质量和知识结构的合理构成。

（2）末位淘汰制。为了避免学生选课的盲目性，培养学生的质量意识，可采用绩点制衡量学习效果。有条件的高等学校可以试行末尾淘汰制，如相对评分合理淘汰就是一种学分制变革。

（3）优化选课制。选课制应该保证应有的选修课数量和质量，应该建立系统的选课体系，并将选课机制引入必修课程，学生有选择教师的自主权，甚至根据自己的学习需要和能力选择教学内容。

2. 增加有限制的选课自由度

一般来说，学分制可有效促进学生的个性发展，积极调动学生的学习主动性与积极性。对学生来说，学分制意味着学生的成长渐渐由他人塑造转为自我塑造。学分制是一种与选课制、学籍管理紧密联系的学习制度。基于高校内涵式发展的大背景，高校要为学生创造不同层次的选择自由，因材施教，这是学分制改革的重点内容。

（1）实行必修、选修、辅修、创业教育相结合的选课制。选课制是学分制的根本，离开了足够数量和高质量的选修课，学分制将失去赖以生存的基础。选课制的实施和管理是实行学分制的中心工作。高等学校应该根据自身实际情况设置必修、选修、辅修、创业教育专业模块，使学有余力的优秀学生在完成本专业课程后，可结合自身实际，辅修其他专业或进行创业教育，构建个人的知识、能力和素质结构，成为复合型人才。

（2）制定学年弹性学分制，贯彻因材施教。首先，高等学校结合实际在学年制的前提下，每个专业设置主干课程，形成专业必修课程模块，同时多位教师开设课程，学生自主选择教师。其次，开设选修课，设立创业工程教育并纳入教学计划的选修课之中，学生可以根据自己的兴趣爱好选择课程，优化知识结构，强化创业意识。这种模式既保证了学生必要的学科知识、能力、素质结构，又让学生得到充分的个性发展。

（3）学籍管理灵活化。学分制注重学生个体的独特性，容许学生有兴趣、能力上的差异，认为不同的学生可以有不同的培养方案，应尽可能照顾到每一个学生的发展。高等教育内涵式发展要求必须以学生为本，弹性学制符合教育发展趋势。实行弹性学制，允许学生以积累学分的形式完成学业，允许在规定时限内提前毕业。

3. 衡量人才水平的考试管理应灵活有序

与学分制密切相关并且在一定程度上能保证学分制操作质量的就是学生的成绩考核。学分制下的考试管理应是灵活而严格的。

（1）申请免修制。学生根据自身实际，在开课学期之前提出免修申请，考核成绩合格，即获得该课程学分。基础政治理论课、公共体育课以及社会实践性课程不能申请免修，而且学生申请免修的学分数量要有一定限制。

（2）申请补考、重修制。目前，大多数高等学校考核不及格的必修课都必须补考，学生利用假期时间复习补考，补考不过需要重修。

（3）推进题库建设。题库建设是普通高校开展课程建设和教学建设的一项重要内容，也是高校加强考试管理，贯彻落实“教考分离”原则的一种有效措施。高校如果有条件，都应该建立起题库，实行教考分离。

当社会经济发展水平高的时候，对技术人才需求也较大，并且支撑发展这种教育的能力也较强，当然同期对学术人才的需求也会增加，但仍然需要的是精英型的人才，即具有学术创新能力的人才，而不是简单的偏重理论知识的人才。在寻求高等教育内涵式发展的今天，我国高等教育的学分制长效机制是不健全的，人们对学分制的认识是褒贬不一的，所施行的学分制大多数是模式化的，没有反映出切合高等学校自身的特色。因此，我国高等教育学分制度建设必须切合社会发展、社会需求，建立一个具有导引作用的科学学分制度。

五、学生网络恋爱道德失范及教育引导探析

（一）网络恋爱的内涵

大学生正处于情感发育的黄金时期，他们彼此都向往和谐友爱，渴望一份纯真美好的感情。传统的恋爱往往较为直接，大学生之间通过面对面的交流沟通发展感情，而网络作为一种工具，在提供便捷性、开放性的同时，也对大学生恋爱带来了“虚拟性”等特点。对于传统的大学恋爱在校园里老师和同学都会有一份矜持，即使是面对知己也不会很轻易地把自己的心声表露出来，这样会造成或许表面看起来坚强的人，在遇到感情上的伤害和烦恼，往往不能很好地控制自身行为，在方式方法上走极端。网络可以扩大大学生情感交流的范围，提供自我发展情感体验的条件，很多平时生活中不好说或说不出的话，都能通过网络与人进行交流，在心灵孤单寂寞的时候也能说说“悄悄话”，在现实生活中情感交流的不足在网络中得到满足。

对网络恋爱的定义，当前学术界还没有形成较为权威统一的意见。第一类学者认为网恋就是网络的恋爱，只是人们在互联网中认识，相互之间通过语言、文字以及符号进行情感上的交流，体验恋爱感觉，获得恋爱行为，一旦从网上走到网下，就变成了传统的恋爱方式。第二类学者则认为，在本质上传统现实恋爱和网络恋爱没有区别，是真正的爱情，区别就在于网恋是人们在恋爱开始、过程、结束中借助网络这一新的媒体工具进行恋爱。鉴于大学生群体和网恋的现实、虚拟关系，本研究把网络恋爱定义为：在互联网空间里，异性之间形成的在情感上的一定程度的依恋关系。它主要包括以下两种形式：第一种是纯粹在网络上认识、恋爱，完全没有现实的接触；第二种是现实中认识，通过网络谈恋爱。网络为大学生提供了一个真实性和虚拟性共存的情感环境，既能使他们在网上直接大胆地与异性交往，满足情感的需要，这种真真假假的网络感情又会给他们的成长带来较大的负面影响。

马克思曾说：“在我看来，真正的爱情是表现在恋人对他的偶像采取含蓄、谦恭甚至羞涩的态度，而绝不是表现在随意流露热情和过早的亲昵。”恋爱是一种男女双方基于一定的社会基础和共同生活理想，在内心各自形成的相互倾慕，并渴望对方成为自己终身伴侣的一种强烈、纯真、专一的感情。因此在恋爱中，需要用道德要求双方，约束自身行为。大学生恋爱应尊重人格平等、自觉承担责任、文明相亲相爱。在网络恋爱过程中，由于网络的虚拟性，这些恋爱道德更容易被大学生忽视，更需要大学生严格遵守。传统的恋爱道德中已经有行为过分，

同居现象增多，把恋爱当工具追逐个人利益，把恋爱当游戏等问题。这些在网络虚拟的掩饰下越发严重，大学生网恋过程中更是毫无约束地表达爱意，为了寻求刺激不考虑后果，追求功利淡化爱情，将爱情当作是寂寞无聊时打发时间的一场“游戏”。

（二）大学生网络恋爱的规范

1. 树立责任感

大学生网络恋爱在其网络虚拟性的掩饰下往往一开始就具有轻率、盲目的特征。我们在这里做个分类：第一种，远距离的两个大学生通过网络聊天工具认识，由于大学生自身控制力薄弱，往往因为孤独、寂寞或受委屈或分享快乐就轻率地恋爱，这种感情往往来得快，去得也快；第二种，相互认识的两个大学生由于习惯或在对自己的认识不够的情况下，平时无法开口，而通过网络，很多大话、假话便很容易说出口，这种感情往往随着时间慢慢消失。因此，网恋的大学生必须树立和增强责任感。这里的责任感不仅包括双方在网恋中相互尊重、相互包容、相互保持真诚，还包括对双方家庭、对学校甚至对整个社会的责任感。

2. 与婚姻相关联

大学生网络恋爱的动机是多样化的，其中不免有不纯洁的。对现实的不满只有在网络中才表露、发泄出来，通过 QQ 等聊天工具、一些交友网站以及网恋游戏等方式让人倾听、理解甚至获得安慰，一时的冲动会引起强烈的共鸣和好感，部分大学生网恋仅仅只是需要一种恋爱的感觉。对于婚姻，他们会觉得不用考虑太多，只注重活在当下，不考虑婚姻家庭状况，不与婚姻相联系。随着社会的发展，人们的思想观念逐步改变，现实社会出现了“富二代”“官二代”“富婆”等一系列新名词，给本来就浮躁的社会风气增加了更为不好的内容。大学生网络恋爱出现了功利化、“一切向钱看”“以性为目的”的不良现象，使恋爱脱离婚姻，让婚姻得不到恋爱的保障。因此大学生在网恋过程中应遵循恋爱与婚姻的关联原则，恋爱应该是以结婚为目的的，这样的恋爱才会美好，才经得起时间的检验。

（三）大学生网络恋爱道德失范的表现

1. 态度不端与诚信缺失

大学生进入网络空间，在恋爱中往往会有一些摒弃道德约束与规范的不道德行为，失去基本道德观念和社会责任感。他们把网恋当成一种“游戏”，相互欺骗，甚至隐瞒自身真实的东西，抱着“一场游戏一场梦”的态度，寻求短暂的刺激，寻求临时的快乐，动机不纯正，态度不严肃，连最起码的恋爱忠诚、专一都不能做到。很多大学生网恋只是因为一时的空虚，又或者是学业、家庭带给他们的巨大压力得不到很好的释放。这种恋爱观取向存在着极大的错误，势必会造成部分大学生对信念和目标把握不住，茫然，没有归属感，缺乏安全感，对恋爱不信任，出现脚踏几只船，频繁换恋人等现象。

2. 重过程、轻结果与享乐虚荣

“不求天长地久，只求曾经拥有”，大学生网恋过程往往轰轰烈烈，十分美好，可是结果却会被一系列的现实问题所击败。为了恋爱而恋爱已经对传统的为婚姻而恋爱造成冲击。在对恋人的选择上，受现实社会“拜金主义”“享乐主义”的影响，很多大学生都一味地追求外表美、经济条件好、家庭势力大的对象，把恋爱作为炫耀的资本，只享受恋爱的权利，不去履行恋爱的义务。在恋爱过程中，不惜金钱和时间，为了追求虚华的浪漫，大手用钱，心思成天都放在如何吃、喝、玩、乐上。有些更因为网恋而放弃学业，甚至走上犯罪道路，命丧黄泉的例子也越来越多。比如，南京某大学一大二女生朱子娇在网上认识赵某，后来与之确立了恋爱关系，两人依靠网络联系感情。在交往中，朱子娇没能把握好度，最终没有善果。

3. 保护意识缺乏与身心健康影响

大学生正处于生理和心理的发展阶段，网络信息广，传播快，范围广的特点不免给他们带来很多思想的多元化，造成部分负面的影响。很多大学生已经忘记了“执子之手，与之偕老”的美好古训，鼓吹和沉迷于一些西方国家所吹捧的“性自由、性开放”的观点，不仅在校园中毫不隐讳地搂搂抱抱、卿卿我我，而且开房、同居等现象已成为公开的秘密。婚前性行为和婚前同居这样的道德性越轨、恋爱行为的失范常常给女大学生带来身体和心灵的伤害。网络上的黄色信息泛滥，对性的错误认识和把控不当往往对大学生人生观和价值观造成影响，“一夜交友”等问题的出现，给大学生、家庭乃至整个社会造成严重的后果，也在很多大学生心灵留下挥之不去的阴影。

（四）大学生网络恋爱道德失范的原因

1. 从网络角度

在虚拟的网络社会里，所有的上网者都能够通过匿名的方式进行网络活动，使大学生很容易摆脱现实社会许多道德规范的约束。网络在提供给大学生高度开放、自由空间的同时，也挑战着传统的伦理道德。网络的虚拟性和开放性使个人在网络中仅仅是一个符号角色，没有界限，人们可以无限地美化自身，并通过大胆的言语虚化自己，甚至判断出别人对自己的看法和态度，满足自身不真实的成就感，在异域的时空里发挥作用。在网络中，开放的程度往往不受其他因素的制约，隐私也得不到保护。因此作为网络本身来说，就存在与伦理道德之间的矛盾；

网络的共享性和交互性更让信息飞速无止境地在网络社会广泛传播，其中不免会有一些涉及暴力、色情、迷信等的垃圾信息，使得大学生的注意力分散。很多大学生在恋爱中沉迷于网络中的此类信息，其不仅在身体上给大学生带来痛苦，更在心理上造成障碍。大学生道德人格经不起考验，自甘堕落，放弃学业，道德沦丧，价值观错乱，甚至走向犯罪。而且网络双向的互动交流更是不受地域时空限制，错误的东西被传播，不良的信息被分散，常常引起连带反应，使集体或群体失去理想信念，造成严重的后果。

2. 从大学生自身角度

大学生正处于人生的快速发展时期，首先在生理上发育基本成熟，出现了对“性”的强烈欲望，渴望与异性交往，并逐步发掘自身价值，具有社会道德意识，但是在感情中往往还不够成熟，不太注重对身体的保护。其次在心理上，好奇心强，极富冒险精神，在隐蔽的网恋中往往过度寻求刺激，展示自我往往不是真实的理想人格，孤独感或者压力感往往侵蚀着大学生的心理。他们抱着无限的想象把网恋看成唯一的交流空间，脱离现实的生活，过于追逐浪漫，寻求慰藉，对这种单纯意义上的网络爱情缺乏正确的对待方式，形成冲突、矛盾和挫折；过分看重自身价值，造成不健康的心理。最后在道德自律上，大学生的内心信念和道德意识偏弱，自我的控制和约束力还不够，缺乏对网恋的正确看待能力，现实中的良好传统道德往往不能被他们运用在网恋中，无所谓的态度、不负责任的欺骗使他们失去限制，加之不同经历和经验、文化环境的影响，大学生网络恋爱中的道德失范现象普遍且严重。

3. 从学校、家庭和社会角度

在社会方面，社会发展的多元化更加融合了各民族、全国甚至全世界的文化观念，面对价值文化的冲撞，大学生在人生观、价值观、道德伦理观上往往形成巨大的反差。如今的社会，现实的问题越来越多，人们的浮躁现象越来越严重，“人生在世，及时行乐”“性自由”“金钱至上”“拼爹……”“恋爱不一定要结婚”等思想逐渐影响着他们，对大学生学习和恋爱生活造成巨大的影响。他们在现实中缺乏安全感，内心深处却渴望着爱，只好在网络中找寻心灵的寄托，再加之大众媒体“极端利己主义”“极端个人主义”倾向的低俗化宣扬，往往使得他们对恋爱、对生活产生误区，走向错误。在学校方面，我国的高校在对待大学生网恋问题上的态度总是回避的，对“性”的教育没有明确的态度，缺乏引导教育，对“婚恋观”的教育也十分有限，没有专门的性教育课程，仅在思想品德修养教材中有简单的一个章节，老师的讲解也往往一带而过，不够重视，过度认为这是个人隐私，不能形成统一良好的普世认同观，使部分大学生形成不正确的恋爱观和爱情道德。在家庭方面，家庭的环境和家长的教育也深深地影响着个人的网恋道德。有些家庭父母双方往往因为婚姻中道德失范彼此婚姻不幸福，大学生为了逃避或者本身缺乏爱和安全感，加之受父母潜移默化的影响，势必过度依赖网络恋爱，在网恋过程中不负责任，道德失范。在对待大学生网恋上，家庭只是一味地反对，不考虑孩子的感受，甚至打骂，对性的教育和婚姻观的教育也不从正面进行积极教育引导，要么强烈阻止，要么迎合现实社会的不良现象，比如看对方家庭的财富、权力等行事。

（五）大学生网络恋爱道德失范的对策

1. 在网络方面

互联网的飞速发展带来了全球的信息化。其容量大，共享性好，交互性强，同时大量的垃圾信息也不断腐蚀着大学生的爱情道德观。“爱情是一种责任，是一种奉献，而不是索取和占有”，爱情的本质是给予，我们应加强思想政治教育，让大学生形成正确的恋爱观，让主流的正确的恋爱观念占领网络这块阵地。加强对网络的恋爱道德监管力度，形成特定的网监部门，对网恋中不道德甚至走向犯罪的行为进行有效的预防和打击，维护网络秩序的安全和稳定。对网络中的行为进行规范，不传播垃圾信息，正确使用网络文明用语。网络是一把双刃剑，网络的建设和规范十分重要，加强管理，把“以德治网”和“以法治网”结合起来共同为网络的安全服务。网络是一种文化，应使网络技术和网络道德相互影响、相互作用。网络主体不应随心所欲地进入他人计算机系统或者散布一些不负责任的信息，借鉴传统道德，争取形成一套完整的大学生网恋道德规范标准，让网络给大学生的学习生活、恋爱成长带来正面的影响，让大学生把握好“实”与“虚”的度，合理处理网络中的交往、恋爱。此外，还应加大网站、网吧的监管，对网络进行综合治理。利用网络对大学生进行婚恋思想、道德观念和人格培养，使他们不受网络不良因素的侵害。高度重视网络给大学生恋爱道德带来的负面影响，加大技术干预力度，过滤信息资源，净化网络环境。

2. 在大学生自身方面

大学生在网络恋爱中应加强自身的修养，提高道德自律。目前的大学生多为独生子女，个性较强，以自我为中心，遇到一点挫折就选择放弃或者走极端。作为网恋的角色，遵守道德情操是一种职责，恋爱双方应该真诚对待，主动承担责任，平等尊重对方，互相帮助学习生活，合理调控情感，共同成长。在网恋过程中，应当文明端正，把握好“度”，恋爱会有生理和心理上的需求，但是不能有轻率或放荡的行为，在对待“性”的问题上，应把恋爱与婚姻联系起来，对婚前性行为要考虑周全，对对方和对方家庭负责任。女生更应该自爱、自重，不要受外界错误思想的影响，学会保护自己。树立正确的人生观、价值观、恋爱观，在网络恋爱中时刻以社会主义道德核心价值体系严格要求自己，自立、自强，对虚拟的网络世界要辨别真伪，不受现实社会一些不合理、不道德现象的干扰，坦然面对真实的爱情，正确处理好网恋中的细节，遵循网恋道德规范。

3. 在学校、家庭及社会方面

学校是大学生网恋道德教育最重要的场所。良好的校园道德氛围和完善的校园网络建设势必会影响大学生的价值取向。学校应形成一套完整的道德体系，通过对网恋道德失范带来严重后果的一些案例进行分析，提高大学生自身道德素养。辅导员应多与学生沟通交流，拉近与学生之间的距离，更好地对他们的心理和学习生活状态进行关注和掌控，对他们进行心理的辅导，多利用QQ、飞信、微博、微信等网络工具对大学生进行思想政治教育，引导他们正确使用网络进行恋爱。在性教育方面，注重引导他们树立健康的恋爱意识，正确进行两性间的交往。团委和学生会可以定期开展关于这方面的讲座、活动，有条件的学校甚至可专门开设性教育课程，教育他们正确对待和处理暗恋、失恋等恋爱会面临的问题，加强校园文化建设，开展校园文化活动，使大学生自主自觉自愿地行有德之事，做有德之人。家庭对大学网恋道德的影响潜移默化，作为家长应该注意言谈举止，教育孩子忠诚、担责、尊重，培养他们丰富自信的感情世界，用家庭的和谐幸福去熏陶孩子的网恋道德意识，形成正确的网恋道德观念，做出合理的网恋道德行为。对待网恋的性问题上，家长要言传身教，与孩子多沟通交流，让他们正确地认识性、获取性知识，同时和学校教育积极配合，合力推动教育。社会和政府则应该从宏观层面制定大学生网恋道德规范，营造良好的社会道德氛围，注重大众媒体的宣传，体现主导的核心价值，坚持主流思想，反对色情、暴力、拜金等不健康的思想，形成良好的社会风气，这样才能引导大学生积极健康的心理，反之则会造成人生态度的扭曲。同时应加大监督部门的管理力度，对网恋中不道德甚至引起犯罪的不良现象扼制并严惩，规范网站，鼓励媒体进行监督，使大学生更加自觉地在网络恋爱中遵守道德规范。

六、思想政治教育在预防和应对大学生群体性事件中的作用

党的十八大提出了“富强、民主、文明、和谐、自由、平等、公正、法治、爱国、敬业、诚信、友善”的24字社会主义核心价值观。中共中央办公厅印发的《关于培育和践行社会主义核心价值观的意见》中第二条指出，要把培育和践行社会主义核心价值观融入国民教育全过程。而高校作为人才培养和精神生产的主要组织，近年来频频发生以学生为主体的群体性冲突事件，严重影响了和谐社会、和谐校园的建设。

当前高校中的群体性事件，是整个社会发展变革过程中所产生的深层次问题在高等教育机构的集中体现。随着高校改革的不断深化、在校大学生的不断扩招，

大学生数量迅猛增加，使得高校学生管理问题成为我们关注的一个热点问题。尤其是大学生群体事件的发生，有时候会让我们措手不及。近年来，高校发生的大学生群体性事件呈急剧上升的趋势，并且在社会上造成了一定程度的负面影响。因而在预防和应对大学生群体事件时如何正确发挥思想政治教育的积极作用并能够将其作为一种教育手段良好地运用，对于维护高校安全稳定、创建平安校园、构建和谐社会和维护国家政治安定具有特殊意义。

（一）大学生群体性事件的含义及特点

1. 群体性事件的含义

群体性事件是指由某些特定人民内部矛盾引发的，由某些特定群体或不特定多数人聚合临时形成的偶合群体，通过没有合法依据的规模性聚集、对社会造成负面影响的群体活动、发生多数人间语言行为或肢体行为上的冲突等群体行为的方式，或表达诉求和主张，或直接争取和维护自身利益，或发泄不满、制造影响，对社会秩序和社会稳定造成重大负面影响的各种事件。

2. 大学生群体性事件的界定

大学生群体性事件一般是指由各种矛盾或问题引发，由高校学生参与，自发地或通过一定联络组织方式聚集在一起，以表达学生的某些诉求或维护群体利益为目的，准备实施或已经实施非法集会、游行示威、静坐、罢课等，可能或已经严重妨害社会正常秩序和公共安全的学生群体性行为。

3. 大学生群体性事件的特点

（1）突发性。由于高校学生聚集，大学生群体事件的爆发往往很突然，一般没有规律，不易预测，防不胜防，有时事件的起因涉及多数学生共同的切身利益，容易造成不良后果。学生往往会因小事情（停电、停水、停网络），情绪突变，从而发生起哄、砸酒瓶、砸窗户等群体行为，加大了高校的管理难度。

（2）扩散性。当今时代是信息化的时代，一旦发生大学生群体性事件，消息会通过互联网、手机等大学生使用频率最高的通信工具在很短的时间内向外强烈扩散，使得态势难以控制。

（3）从众性。在群体性事件发生之初，规模较小，但由于“从众心理”的作祟，学生思想上存在着“法不责众”，加之受到为首者的诱惑或胁迫、盲目服从等自觉或不自觉地加入群体行动，使事态扩大。

（4）破坏性。大学生群体性事件一旦发生，如果处理不当，参加的学生就会越来越多，不仅会破坏高校正常的教学工作秩序，还会造成一定范围内的混乱和恐慌，损害高校良好的公众形象。

（5）针对性。群体性事件的爆发，都有其明确的针对性。大学生作为一个特别敏感的群体，侵害我国利益的行为、治安纠纷问题或者学校决策的偏差等因素都很可能会引起大学生的强烈关注、讨论甚至参与，导致大学生群体性事件的发生。

（二）高校思想政治教育工作的内涵

1. 思想政治教育工作的内涵

思想政治教育工作是指社会或社会群体用一定的思想观念、政治观念、道德规范对其成员施加有目的、有计划、有组织的影响，使他们形成符合一定社会、一定阶级所需要的思想品德的社会实践活动。其中，人的思想、观点和立场的转变以及人生观、世界观的形成是其工作的重点。

思想政治教育工作主要通过教育、疏导等“软”形式来排除人们在认识上的障碍。思想政治教育作为一种重要的辅助性手段贯穿于群体性事件预防及解决的全过程，它主要从人们的思想认识入手，通过交谈、座谈等方式为群众提供一个发泄不满的渠道，安抚其情绪，加强冲突双方的沟通，从而促使问题的解决。

2. 高校思想政治教育工作的内涵

思想政治教育工作是高校工作的重要组成部分，新形势下的高校思想政治教育工作的内涵包括以下几个方面：一是以理想信念教育为核心的“三观教育”；二是以爱国主义教育为重点的民族精神和集体主义教育；三是以基本道德规范为基础的公民道德和诚实守信教育；四是以全面发展为目标的素质教育。

（三）思想政治教育工作在预防和应对大学生群体性事件中的作用

思想政治教育工作是培育和践行社会主义核心价值观的重要手段，思想政治教育在我国高等教育中也发挥着不可或缺的作用。大学生群体性事件是影响校内稳定的因素，必然要发挥大学生思想政治教育积极的有利的影响来预防和应对。

思想政治教育工作是大学生群体性事件预防与控制机制中的支柱与根本，总体来说，思想政治教育工作在大学生群体性事件中的不同阶段应分别发挥事前预警、引导，事中协调、育人，事后心理辅导、反思的作用。

1. 对大学生群体性事件发生前的预警、引导作用

（1）预警作用。预警即预测、预防、警告。思想政治教育具有思想预测的功能，这是思想政治教育能够具有预警作用的内在条件。任何群体性事件的发生都是一种问题和矛盾不断积累并促使矛盾激化的结果，大学生群体性事件也是如此。在事件发生前的相对和平时期，应具有危机意识和应急心态，逐步建立完善的群体性事件预防预警机制。通过处于高校思想政治工作第一线的辅导员对掌握和反馈的大学生信息进行收集整理，及时发现可能引发大学生群体性事件的导火索，进

而采取相应措施，如排解大学生不满情绪、转变其错误的观念、加强其法制意识、将其诉求反映给相关部门等，争取将矛盾冲突妥善化解于萌芽状态，从而避免矛盾冲突的升级激化。因此，思想政治教育在大学生群体性事件发生前的预警作用，可以有效地防范其发生或是降低其发生的概率。

（2）引导作用。纵观大学生群体性事件的发生机理，理想信念的偏移是大学生感性激进、盲目冲动地参加大学生群体性事件的动因之一。不难发现这些事件的发生，都折射出其思想或行为的导向出现了某种程度的问题。例如有些学生是受到他人的蛊惑，或受错误的社会思潮的影响，试图追求抽象的政治原则，从而无法看到学校及当前中国的特殊性，从而脱离社会主义信念、共产主义理想等，而通过思想政治教育的思想及行为导向作用，能够有效地预防与控制这些事件的发生、发展。

2. 对大学生群体性事件发生时的协调、育人作用

（1）协调作用。思想政治教育在大学生群体性事件发生时能够在一定程度上协调矛盾和冲突，防止事态进一步恶化。一方面，思想政治教育工作通过疏导，缓和对立情绪，建立良好的沟通对话来协调不同利益群体之间的矛盾，防止矛盾激化；另一方面，通过快速有效地做出对事件的处理决策、应急处置部署和精心做好舆论引导工作，让学生及时了解真相，及时控制大学生群体性事件并防止其迅速蔓延扩大。

（2）育人作用。在诸多大学生群体性事件的案例中，很多参与事件的大学生并不完全了解事件的整个过程和真实性，只是由于从众心理而加入。很多时候，在了解完整及真实的过程后部分学生可能会理解并主动退出。思想政治教育工作者要从大学生的思想认识出发，教育疏导，通过开展法律宣传等形式，告知学生如何正确表达自己的观点和诉求，使他们主动退出。

3. 对大学生群体性事件发生后的心理辅导、反思作用

（1）心理辅导作用。大学生群体性事件的发生一定程度上也反映了学生存在的许多心理问题。同时，学生的心理也会在整个事件过程中受到不同程度的伤害，尤其是在有伤亡发生的时候。此时，思想政治教育工作者要特别关注学生的心理状况，安抚学生的情绪，可通过自己所掌握的心理学知识给予学生心理疏导，必要时及时转介到学校心理咨询中心，使学生调整心态，回归到正常的学习生活中去。

（2）反思作用。大学生群体性事件的发生在很大程度上可以反映出高校与大学生之间关系的症结，所以在事件发生后要及时地进行反思。一是通过加大对学生的宣传教育和培养、提高大学生的整体素质等方式，增强其法律知识和意识及明辨是非的能力，引导学生理性合法地表达利益诉求；二是通过对高校相关职能部门的行政人员的思想政治教育，提高其思想政治素质，

树立服务学生的意识及以人为本的观念，由“管制型”的工作方式向“服务型”的工作方式转变；三是建立良好的沟通反馈机制，如“自上而下”“自下而上”的沟通机制等。针对不同问题采取有效的方法，对症下药，从而避免类似事件的发生。

高校作为人才资源的聚集地、文化引领的前沿，必须坚持正确导向，提高引导能力，注重思想政治教育，做社会主义核心价值观的大力宣传者和坚定践行者。面对新形势下高校面临的新情况、新问题，必须发挥思想政治教育的积极作用，切实提高预防和处置各种群体性事件的能力，以应对各类大学生群体性事件的发生。

第四章 “互联网 + ”时代背景高校下辅导员工作探析

第一节 高校辅导员立德树人路径

2013 年 9 月 9 日，习近平总书记向全国 1400 万教师致慰问信，信中对教师们提出殷殷期望：“希望全国广大教师自觉增强立德树人、教书育人的荣誉感和责任感。”党的十八大也明确提出：“要坚持育人为本、德育为先，把立德树人作为教育的根本任务。”在十八届三中全会《中共中央关于全面深化改革若干重大问题的决定》中进一步提出：“全面贯彻党的教育方针，坚持立德树人。”可见，立德树人已经成为教育改革的重要使命。高校辅导员作为高校教师队伍和管理干部队伍的重要组成部分，是高校育人过程中发挥重要作用的一线工作人员，担负着培养德智体美全面发展的社会主义建设者和接班人的重要使命，从本质上说就是要求高校辅导员履行高等教育立德树人的使命，进而开创工作的新局面。

一、辅导员履行立德树人使命开创工作新局面的现实意义

目前，我国社会主义现代化建设进入蓬勃发展阶段，大学生作为社会主义现代化建设拔尖创新人才的后备力量，是建设发展中最具潜力和活力的新生力量，相信经过一番历练，能够成为推动社会主义现代化进程快速发展的中坚力量。高校辅导员作为高等教育管理的直接人，是大学生接触最多，对大学生影响最大的群体，只有其履行好立德树人的神圣使命，才能帮助大学生健康成长，这对大学生成为社会主义现代化建设需要的合格拔尖创新人才具有一份重要的现实意义。

（一）辅导员履行“立德”使命开创工作新局面的现实意义

“立德”，就是树立德行德业，早在《左传》中就提出“太上有立德，其次有立功，其次有立言，虽久不废，此之谓不朽”，把“立德”放在了“三不朽”的首位，其重要性不言而喻。然而，在当前价值多样化、思想多元化的时代背景下，大学生的价值观念和道德观念受到极大的冲击，一方面，使大学生产生新的

道德观念和价值观念，让高校充满生机，为社会注入活力，另一方面，淡化了主流思想和核心价值，造成大学生道德滑坡与道德迷失，甚至发生了复旦大学投毒案、药家鑫案等一系列高校恶性案件，让我们不得不重新认识到“立德”的重要性。“大学生既要成才，又要成人，成人是成才的前提”“立德”是成人的关键。因此，高校辅导员必须履行“立德”使命，身体力行地去感染学生、教育学生、引领学生，以达到让大学生自觉形成以社会主义核心价值观为主、以儒家文化为代表的中华传统美德为辅之“德”的目的。

（二）辅导员履行“树人”使命开创工作新局面的现实意义

“树人”，就是培养成长成才，早在我国西汉《管子·权修》中就提出“一年之计，莫如树谷；十年之计，莫如树木；终身之计，莫如树人”，把“树人”作为一件终身大事来抓，其重要性显而易见。当前我国正在建设创新型国家，并逐步向高等教育强国迈进，其成功的关键在于是否储备了足够的拔尖创新人才；高等教育改革与对外开放的逐步深化、大学生自由与开放意识的不断增强，使大学生对全面发展的诉求和对国际化创新人才的目标追求空前强烈，因而“树人”成为了我国建设创新型国家的需要、推动高校内涵式发展的需要、提升大学生核心竞争力的需要，让我们不得不再次正视“树人”的重要性。因此，高校辅导员必须履行“树人”使命，“以生为本”地为大学生全面发展与成长成才提供服务、创造条件，以达到让大学生成为德智体美全面发展的社会主义建设者和接班“人”的目标。

二、辅导员履行立德树人使命开创工作新局面的实现路径

习近平总书记强调，要把“三个牢固树立”作为教师队伍建设的根本要求，即“牢固树立中国特色社会主义理想信念，带头践行社会主义核心价值观，自觉增强立德树人、教书育人的荣誉感和责任感，学为人师，行为世范，做学生健康成长的指导者和引路人；牢固树立终身学习理念，加强学习，拓宽视野，更新知识，不断提高业务能力和教育教学质量，努力成为业务精湛、学生喜爱的高素质教师；牢固树立改革创新意识，踊跃投身教育创新实践，为发展具有中国特色、世界水平的现代教育作出贡献”。这也是高校辅导员履行立德树人使命的具体实施思路。在高校深入开展“三爱”教育的当下，辅导员为落实立德树人根本任务就必须身先士卒投入到“三爱”实践中，完成习总书记对大学生成长成才的殷切希望。

（一）“爱学习”，使高校辅导员成为“终身学习”的示范者

高校辅导员为牢固树立终身学习理念，就必须投入到“爱学习”的实践中成

为“终身学习”的示范者，这需要解决三个方面的问题。

第一，解决“为什么学”的问题。终身学习并不仅是指学习时间的延长，还是教育领域的一场深刻变革。世界各国都把“学会学习”作为当前最重要的教育改革方向，我国《国家中长期教育改革和发展规划纲要（2010–2020 年）》中也提出“帮助学生学会学习”。因此，高校辅导员必须清晰地认识到，终身学习是全面提高高等教育质量的必然要求，而学习已经成为一种生存需要、成长需要、发展需要，只有率先垂范树立“工作学习化、学习工作化”的终身学习理念，才能驾驭工作的方方面面、提升自己的素质能力、实现自己的职业发展。我们可以通过建立辅导员学习培养机制，帮助辅导员树立终身学习的理念；健全辅导员工作考核机制，把学习作为考察的重要组成部分；优化辅导员激励机制，调动辅导员学习的主动性。

第二，解决“学什么”的问题。高校辅导员作为大学生的良师益友，就是要以教师的身份对大学生发挥引“导”作用，以朋友的身份为大学生提供帮“辅”服务。然而，不管是“辅”还是“导”，都需要渊博的知识为基础，这些知识都需要依靠高校辅导员终身学习来不断积累形成合理的知识结构。同时，高校辅导员还要意识到，当前工作的对象是一群以“90 后”为主的青年学生，在新媒体时代他们的知识日新月异、民主自由意识空前高涨，辅导员如果不具备相应的新知识和工作的新方法，“辅导”将不能深入人心，工作成效将大打折扣。因此，2014 年 3 月，教育部在制定的《高等学校辅导员职业能力标准（暂行）》（教思政〔2014〕2 号）中就明确要求高校辅导员要“具备宽广的知识储备，了解马克思主义理论、哲学、政治学、教育学、社会学、心理学、管理学、伦理学、法学等学科的基本原理和基础知识；主动学习思想政治教育理论、方法及相关学科知识”。简单来说，就是要求辅导员学习社会科学文化基础知识、社会主义核心价值体系知识和思想政治教育工作相关学科的宽口径知识。

第三，解决“怎么学”的问题。高校辅导员只有具备终身学习的能力，才能与时俱进地开创工作的新局面。培养终身学习能力的核心就是找到持续学习的方法，我们可以将学习、工作和研究联系起来，通过组织学习、自主学习、探究学习、标杆学习、分享学习、研究学习的有机结合来保证持续学习。一是通过辅导员岗前培训与骨干培训、心理咨询师与职业指导师考证培训、思政专家讲学等组织学习方式提高辅导员的业务技能水平；二是通过辅导员自己查漏补缺的自主学习方式提升辅导员的综合素质能力；三是通过辅导员沙龙、辅导员工作案例分析会、工作例会等以讨论、分析、探讨为主的探究学习方式增强辅导员工作的实效性；四是通过全国辅导员年度人物先进事迹报告会、寻找身边的“张丽莉”活动等标杆学习方式营造辅导员的良性竞争氛围；五是通过辅导员工作博客、QQ 群、微信朋友圈等分享学习方式提供辅导员情感经验交流平台；

六是通过辅导员专项课题立项、开展工作调研等研究学习方式提升辅导员工作的科学化水平。

（二）“爱劳动”，使高校辅导员成为“改革创新”的开路者

高校辅导员为牢固树立改革创新意识，就必须投入到“爱劳动”的实践中成为“改革创新”的开路者，这需要解决两个方面的问题。

一方面，解决“为什么动”的问题。实践是认识的源泉，是高校育人的重要途径。高校辅导员要为大学生的全面发展保驾护航，首要是认识工作对象，这就需要辅导员在实际工作中去了解学生、理解学生、研究学生，做到“知彼”，使工作事半功倍。改革创新是一个民族进步的灵魂，也是全面深化高等教育领域综合改革的核心。高校辅导员要培养社会主义现代化建设需要的拔尖创新人才，最重要的是承担改革创新的重任，这就需要辅导员先提高自身创新意识与创新能力，同时在实际工作中梳理出自己的工作方式方法、摸清楚自己的工作能力水平，做到“知己”，使工作扬长避短。因此，这里的“动”包含两个层面的含义：一是指辅导员要做好工作不能纸上谈兵要动手实践，二是指辅导员在工作中要不断动手改革创新才能行之有效。

另一方面，解决“怎样动”的问题。因为辅导员的工作对象是大学生，要想履行使命使工作见实效、出特色就得对学生言传身教。言传就是要与学生“谈”人生发展、同学生“讲”为人道理、向学生“说”安全纪律；身教就是要言行一致、说到做到，并且要求学生做的自己第一个做到。此外，还要“在潜移默化的行动中去感染人、教育人”，走进寝室进行查访、走进教室开办讲座、走进企业开展实践，把工作做扎实、做深入。开展工作的同时要不断思考，研究学生成长成才现状、寻求学生工作共同愿景、探寻学生工作规律方法，不断改革创新，使工作能够“因地、因人、因事、因时”制宜。

（三）“爱祖国”，使高校辅导员成为“社会主义”的践行者

高校辅导员为牢固树立中国特色社会主义理想信念，就必须投入到“爱祖国”的实践中成为“社会主义”的践行者，这需要解决两个方面的问题。

其一，解决“为什么爱”的问题。“社会主义核心价值观是社会主义核心价值体系的高度凝练和集中表达，是高校健康发展的思想保证”，是引领当代大学生成长成才的指针方向；而“爱祖国”是践行社会主义核心价值观的具体做法，是学生健康成长的前提，也就成为高校辅导员推动大学生成为社会主义合格接班人的巨大力量。习近平总书记在十二届人大一次会议上提出“实现中国梦必须弘扬中国精神”；而“爱祖国”是以爱国主义为核心的民族精神的具体表现，是中国精神的精髓，也就成为高校辅导员激励大学生实现中华民族伟大复兴的中国梦

的强大推力。

其二，解决“怎样爱”的问题。培育和践行社会主义核心价值观是高校辅导员责无旁贷的使命，是辅导员“爱祖国”的行动指南。一方面，辅导员要在工作中更好地融入爱国主义教育，通过对大学生的爱国主义教育，树立大学生的爱国意识、激发大学生的爱国热情、培养大学生的爱国情怀，让“爱祖国”薪火相传，如开展“我的梦与中国梦”主题教育班会、举办社情国情热点研讨会、组织“我为国家做贡献”公益实践活动。另一方面，辅导员要深刻理解“爱祖国”的内涵，并对社会主义核心价值体系真学、真信、真懂、真用，以增强践行社会主义核心价值观的坚定性、自觉性、科学性和实效性。

第二节　高校班级管理探究

一、以学生为本，关心了解学生

关心和了解学生是做好思想政治教育工作的前提，也是开展班级管理工作的首要任务。这就要求辅导员要有具备足够的爱心、细心、耐心、责任心，给予学生足够的尊重与关怀，尊重学生的需要，为其创造条件，服务学生全面成才。辅导员可通过日常观察、个别谈心、查阅档案、座谈等多种形式全面的了解学生的个性心理特征，如家庭背景、成才经历、思想品质、个性特点等。在做好这项基础性工作的前提下，才能有区别、有针对性地实施正面教育。辅导员既是教育者、管理者，同时又是服务者。因此，在日常工作中，应本着“服务育人”的宗旨，以学生为本，经常深入学生当中，了解其思想现状和生活情况，与学生建立良好的师生关系，真正在学习、思想、生活方面予以帮助和引导，只有这样，学生才会信任老师，才能主动接受教育管理，积极健康的学习生活。

二、建立工作队伍，确保渠道畅通

由于辅导员管理的班级多，任务重，因此，需要整合优势资源，建立一支管理工作队伍，使管理工作高效、有序进行。建立班主任队伍，为进一步加强和改进大学生思想政治教育，目前很多高校已实施班主任导师制。班主任队伍通常由专业教师组成，可以利用他们的专业所长为学生提供充分的专业学习指导，同时协助辅导员及时有效地掌握学生的思想、学习、心理动态及对突发事件的预防与处理情况。因此，辅导员应充分发挥班主任的作用，建立长期沟通合作，健全班主任长效工作机制，确保管理工作更加细致深入。建立学生干部队伍，班干部是整个班级的核心，也是辅导员、班主任能够顺利开展班级管理工作的得力助手。因此，辅导员应该首先重视班干部的选拔，建设一支合格的班级骨干力量。要有严格的选用标准，以公正、公平、公开的方式，选拔一批具备高度的责任感、过硬的思想政治素质、良好的沟通能力和心理素质，并且在班级中有一定威信的学生担任班级学生干部。同时，应该加强对班干部的教育培养，要求其明确职责，充分调动其积极性。要敢于放权，让班干部主动做好班级管理，妥善处理各种问题，并给予适时的鼓励、适时的批评，激发班干部发掘自己的潜力，引导他们及时总结工作中的经验教训，在工作当中提升自己的组织协调能力。在实际工作中，辅导员可借助集中培训，经验交流，工作总结，个别谈话，班级动态汇报等多种形式，帮助班干部培养能力素质，同时确保工作渠道畅通。

三、完善管理制度，确保纪律严明

班级工作的顺利开展离不开具有行为约束力的制度保障。建立健全班级管理制度有利于更规范、更有效地进行班级管理。在创建和执行班级制度的过程中，充分重视学生的主体性，提供学生参与的机会，拓宽学生的自我管理空间。在创建制度阶段，辅导员应该遵照学校的各项方针政策，以坚持民主、公开为原则，以发挥学生的主动性、积极性为目标，让班级学生参与班级会议讨论，修订，通过民主决议，最终制定出切合实际的班级制度，如考勤制度、晚自修制度、班费管理制度等。在制度执行阶段，辅导员须充分发挥学生干部的带头作用，严格要求班干部按照制度开展工作，给班级学生树立榜样。同时，组织学生进行评比与自我检查，发动学生党员和班干部进行监督，通过奖惩结合的方法，保持制度管理中的公平，公正。有意识地树立先进的典型，及时地批评错误示范，可帮助学生形成认同感。还可通过举行主题班会，开展专题讨论等多种形式让学生明辨是非，增加学生的集体荣誉感，使学生自觉地遵守班级制度，也在一定程度上提高了学生的自我管理能力。总的说来，通过制度管理，坚持“依法治班”让班级管理做到有章可循，执行有力。然后，在以学生为本的基础上，辅导员应注意引导学生将个人利益与集体利益联系起来，增强学生对于制度的认同感，集体荣誉感，从而使学生主动自觉的按照制度约束自身、规范行为，实现自我管理。

四、构建班级文化，营造良好风气

班级文化是校园文化建设的重要组成部分，决定着班级成员的精神风貌和行为方式，深深地影响着班级成员的日常学习和生活，蕴藏着不可低估的教育潜力。因此构建健康向上的班级文化对于形成良好的班级氛围，增加班级凝聚力，进一步推进形成良好的班风，学风有重要意义。

营造良好班级氛围大学班级文化不是自发形成的，它需要每个班级成员的积极、主动地承担建设班级文化的责任和义务。但是由于大学生，特别是大学新生，在思想、心理、行为方面都存在着局限性，辅导员应该做好“导”的工作，掌握班级成员的言行倾向，班级风气等。对存在心理障碍、思想包袱的同学进行及时地疏导，使其能积极主动地投入到班级活动中去。同时通过宣传栏、班报、班级群等建设，扩大正面舆论的影响力，使正气得到弘扬，错误得到及时纠正，形成良好的舆论氛围。另外，发挥好班会的作用，让学生自主参与到班会的讨论中，在班会中提出问题，解决问题，从而树立正确积极的舆论导向，使弘扬正气，抑制不良风气的班级氛围逐步形成。

明确班级目标，构建优良的班级文化离不开树立共同的班级目标。明确而富有挑战性的目标是全班学生共同努力前进的灯塔。辅导员应该充分发挥班级成员的主体意识和民主意识，依靠全班同学，结合个人目标，合理地制定共同的奋斗目标，有效激发同学的积极性，使全班同学对班级的目标产生认同感，从而形成一股合力，一个整体。例如通过制定争先创优、评选优良学风班、奖学金评定的班级目标，将目标具体化，激励学生积极参与，推进目标的实现。学生在参与目标制定与实现过程中，也增强了集体观念，增强了自我管理能力，促成优良班风、学风的形成。

开展班级特色活动，辅导员可以结合学生的需要和特点，开展贴近学生的班级活动。例如，大学新生，在结束了紧张的高中学习生活，进入大学会在学习上，思想上有所松懈，考虑到这种实际情况，辅导员课可以在班级成立学习兴趣小组，即号召单科成绩优异的同学帮助差的同学，以激发学生的学习兴趣，培养互帮互助的精神和责任感。还可开展读书月活动，举办专业讲座等具有深度，形式新颖的活动，提升班级的整体文化水平，吸引学生参与，形成优良的班级文化。班级管理是大学教育管理的主要阵地，也直接关系到高校人才培养的质量。辅导员应该以促进学生的全面发展为目标，提高自身的综合能力素质，不断发现班级管理中的新问题，不断探索科学有效的新办法，为顺利开展学生管理工作而奋斗。

第三节　大数据技术与辅导员工作创新

大数据时代运用大数据支持管理服务决策毋庸置疑。高校学生教育管理工作必须紧跟形势，运用好信息化技术和大数据这个方法论，充分挖掘大数据的潜在价值，为工作决策提供数据支持。

一、高度重视，全面树立数据意识

数据是资源、资产，数据中蕴含的信息是管理决策的重要依据。高校已经建成使用各个应用系统、互联网和手机都是数据的重要来源，而高校学生教育管理工作者对大数据的认识还不到位，需要进一步树立收集和利用大数据的意识。

对高校学生管理工作而言，要进一步提高数据敏感性，注重数据分析的重要作用，积极运用分析结果提高学生教育管理的效率，实施精准化管理、个性化服务。

二、创新机制，顶层设计管理体系

意识到大数据的重要性和价值，就必须从机制上着手，从顶层设计开始，创新学生教育管理体系，建立数据驱动的教育管理服务新模式。从数据采集、数据融合，到数据的挖掘展示和应用，构建全方位的大数据驱动机制。

三、全面整合，提高大数据的价值

高校校园网中各个应用系统往往各自独立运行，加上互联网和微信、微博等数据的碎片化特征，要形成真正的大数据，还需要进一步制定政策，运用技术手段开展数据整合工作，通过全面整合，打通数据之间的壁垒，使沉睡的数据被重新激活，形成更大的价值。譬如通过整合学生管理系统和教务管理系统，可以深入挖掘学生行为和学业之间的关联关系，建立相应的预测模型，对学生学业和行为进行预警，可以在问题发生之前采取相应措施，确保学生健康成长，顺利完成学业。云南农业大学自 2014 年起启动“数字农大”工程建设，提出“云服务”的信息化建设理念，加强信息资源整合力度，推进学工系统、校友系统、教务系统等 10 个系统的数据对接与共享，并建立了数据交换共享平台、统一身份认证平台和统一门户平台，数据整合工作完成后将推进学生教育管理大数机制建立。

四、加强力量，组建专业分析团队

大数据收集与处理需要更为专业的技术与复杂数据挖掘的能力。目前高校学生教育管理队伍难以满足数据驱动需求。因此要及时成立高校教育管理大数据工作领导小组，组建专门的数据收集团队和分析挖掘团队。运用计算机技术开展数据采集和数据融合，运用数学、统计学的原理开展数据挖掘与建模，形成预测和决策的数据可视化成果。把这些成果应用到高校人才培养中，实现个性化推荐学习资源、为学生量身定制学业计划、及时分析校园舆情影响、实时预测学生思想动态，将会有效提升高校学生教育管理的有效性。

五、完善制度，确保数据安全保密

大数据时代如果不能确保数据安全，将会造成“大数据就是大风险”的可怕后果。有专家指出：由于新技术的产生和发展，对隐私权的侵犯已经不再需要物理的、强制性的侵入，而是以更加微妙的方式广泛衍生，由此所引发的数据风险和隐私风险，也将更为严重。高校教育大数据不仅整合了高校师生信息，也包括大量学生学习、生活和社交以及校园舆情方面的数据，将这些海量数据集中存储，虽然方便了数据分析和挖掘，但如果由于安全管理不到位造成数据丢失和损坏，则将引发毁灭性的灾难。同时黑客攻击或不当层面的数据公开，将会导致师生信息的泄露，给师生人身安全和校园声誉带来不良影响。因此，高校要在发展教育管理大数据的同时，切实加强制度建设，形成数据规范化管理，要明确数据管理的职能部门，制定严格的工作方案和预案，对什么数据可以公开，什么数据在一定层面公开，什么数据必须保密做出规定。同时也要对可能出现的风险建立防控预案，保障数据安全的同时，维护好师生和高校自身的利益。

第四节　新媒体技术与辅导员工作创新

在新媒体时代，大学生的学习、生活和人际沟通等方式都发生了很大的变化，高校和大学生教育管理工作者应采取积极应对的态度，结合大学生特点、新媒体特点及其发展规律，深入研究和运用新媒体，主动占据网络思想政治教育的主导权，探索“网上教育引导”与“网下教育管理”相结合的教育管理方式，主动开创新媒体时代大学生的思想政治教育新模式。

一、转变思想观念，主动适应新媒体工作环境

人的价值观的形成，是受到多方面因素影响的，如社会、家庭、学校等。新媒体对大学生的影响已深入日常生活、学习、工作等方方面面，高校学生工作者要及时了解掌握大学生的思想动态，引导大学生树立正确世界观、人生观、价值观，培养大学生综合素质，就必须转变传统的教育与管理理念，利用新媒体新平台，实现对大学生的教育、引导和管理，更好地适应网络时代背景下的学生工作实际。一方面，学生工作管理部门应加强学生工作队伍新媒体使用的相关培训，加强学生工作队伍的思想建设，转变传统的学生管理理念，引导班主任、辅导员等学生工作者从思想意识上认识、接受并使用新媒体。另一方面，加强学生党员、

学生干部的新媒体素质教育培训，提升思想政治素养，尤其是增强社会主义核心价值观的思想引领，以其在学生中的先锋模范作用，更好地引导广大学生从思想意识上正确利用新媒体。

二、建设优秀新媒体教育平台，主动占领思想政治教育新领地

高校要加强对新媒体的建设和利用，主动占领学生思想政治教育的新领地，积极探索新媒体环境下大学生思想政治教育工作的新途径和新模式。一方面，利用新媒体，开展现代化思想政治教育网络课堂，营造积极向上的校园网络文化氛围。鼓励辅导员和班主任利用微博、微信、QQ、网络社区、贴吧等新媒体时代信息渠道，全方位、多层面开展大学生思想政治教育。另一方面，融合微博、微信和QQ空间“三位一体”的新媒体社交工具，建立高校官方微博、微信公众号等新的官方宣传媒体，加快优秀的新媒体教育平台的搭建，通过学生喜闻乐见、“接地气”的方式发布学生身边鲜活的事例、最新的观点、时政介绍等，引导大学生关注时政，关注民生，从而树立正确的世界观、人生观和价值观。

三、“网上教育引导”与“网下教育管理”相结合

创新教育管理模式网络是现实的人和社会的延伸。网络虚拟环境中的问题必有其现实背景和根源，“网上”问题的解决离不开“网下”的实践活动。但网络又不是现实的简单“复制”，“网上”的思想政治教育也不是“网下”思想政治教育的“电子版”。高校思想政治教育工作者不能用“网上教育引导”取代“网下教育管理”，要探索建立“网上教育引导”与“网下教育管理”相结合的机制，实现“网上”和“网下”互动，创新大学生教育管理模式，增强大学生教育管理的实效性。

四、完善相关校纪校规，培育良好的新媒体网络文化环境

当前，新媒体环境中存在很多不利于大学生身心发展的虚假信息、不良内容和低俗文化。这些内容具有信息传播速度快、传播范围广的特点，利用大学生纯真善良的本性散布谣言，给学校正常的教育教学和学生教育管理工作带来不利影响。

随着国家关于净化网络环境的相关法律法规的出台，高校应积极调研论证，制定与之相适应的校纪校规，建立科学的奖惩制度。对优秀的新媒体网络文化宣传给予奖励，激励学生积极主动加入到主流文化宣传队伍当中来；对散布虚假、不良信息的新媒体平台或个人予以严厉惩罚，保证校园网络文化的纯洁性。从而为营造文明、和谐、积极向上的新媒体网络环境给予制度保障，让学生能在文明、

和谐、积极向上的生活环境中学习、生活和工作。

综上所述，“新媒体时代的到来给高校思政教育带来了前所未有的机遇和挑战”，高校辅导员应认清当前形势，抓住新的机遇，直面新的挑战，利用新媒体平台，积极创新大学生思想政治教育工作的新方法和新模式，营造良好的校园网络文化氛围，推动高校大学生思想政治教育工作进一步发展。

第五章　“互联网+”时代背景下大学生创新创业管理探析

第一节　创业教育体系建设

长期以来，我国高等院校对专业人才的培养目标简单划分为研究型人才以及应用型人才，传统教育观念则认为大学生毕业的选择就是考研和就业。随着我国步入基于知识和信息的时代，为了促进经济发展和解决社会矛盾，加强创新和创业的能力培养成为高等教育的发展方向。主要原因在于：首先，在现代国家的综合国力较量中，高新科技起着至关重要的作用，而高新科技的本质就是创新，而创新的关键在于人才。我国需要具有创新能力的大学生将来担当起这一重任。其次，市场需求越来越倾向于多样化，小批量、多品种的生产成为当今社会的新特点，在这种背景下，具有高新技术含量的商品更容易赢得市场，因此基于科技创新、经营灵活的小型公司企业相对具有优势，这对于富有冒险精神的大学生进行创业是很好的时代机遇。再次，当高等教育成为大众教育，大学生就业问题成为越演越烈的社会矛盾。大学生创业不仅可以解决自己的就业问题，同时还能够提供大量工作岗位，有利于社会的稳定和发展。

高等院校承担着教学和科研的任务，皆具有创新的品质，是培养学生创新创业能力的温床。通过输出高素质创新创业专业人才，进而对区域发展与国家竞争力产生积极的长远影响。对于能源领域而言，培养具备创新创业能力的新型人才是解决我国日益严峻的能源环境问题，实现低碳经济、资源节约型与环境友好型社会的重要保障。本文以中南大学能源动力类专业为例，分析了创新创业教育存在的问题，讨论了大学生创新创业人才的培养机制，并阐述了中南大学能源科学与工程学院构建创新创业教育体系的实践经验。

一、创新创业人才培养现状

自 1996 年《中共中央、国务院关于深化教育改革全面推进素质教育的决定》

颁布以后，“创新创业教育”的概念被提出，但在很长一段时间，创新创业教育仍然停留于口号。时至今日，创新创业人才培养尽管取得了长足进步，但仍然存在很多问题。就笔者观察所存在的问题主要表现在：创新创业教育的受益面仍然只是小部分学生群体。很多学生对创新创业不关心，参与度不够；各类学科竞赛在各大院校已如火如荼，而对于大学生创新性学习和创业训练不够重视；一部分大学生的创业项目仅仅是简单的商业活动，脱离了科技创新和专业特色，与国家所提倡的大学生创业精神不符。我们认为，之所以存在以上一些问题，是因为我们的创新创业教育还处于摸索阶段，没有形成成熟的创新创业教育体系。通过不断探索，积累经验，深入理解创新创业人才培养机制、构建创新创业教育体系是有效开展创新创业教育的关键。

二、创新创业教育机制探讨

推动和促进创新创业教育的发展需要学校、社会和政府的共同努力。创新创业教育涉及学生、教师、政策、资金、学校、企业等各方面的因素，是一个有机统一的整体。我们认为创新创业教育应以专业教育为根本，在师资、教材、课程、实践方面下功夫，最终打造良性的产学研模式。

（一）科学定位创新创业教育，有机融合专业教育体系

长期以来，创新创业教育的受重视程度不高，执行标准不一。为了改变这种状况，首先应该科学定位创新创业教育。创新创业教育固然重要，但脱离专业教育，就只是空谈口号。我们认为促进创新创业教育与专业教育体系的有机融合是当前创新创业教育重要任务。以学生的全面发展为本，逐步将创新创业教育纳入素质教育范畴之中，贯穿于教育管理的全过程。在一个统一的框架下，进行课程设置、师资建设和学生培养，使全体学生都成为创新创业教育的受益对象，培养创新精神、提高创业能力。

（二）充分发挥专业优势，鼓励引导个人发展

在推进创新创业教育过程中应该有针对性地强调和发挥专业特色。一方面，对于各学科专业而言，创新和创业的内容是有很大差别的；另一方面，对于大部分学生来说，离开自身的专业优势，创新和创业的质量就没有保障。因此对于不同学科专业，应该充分利用各自的资源和相关创新创业经验，有针对性地进行培养和锻炼，无差别的创新创业教育很可能使收效不明显。此外，我们的创新创业教育也要注意到少数学生的兴趣和特长，允许创新和创业内容的多样性甚至与其专业无关，鼓励和引导学生得到健康发展。

（三）培养高素质专业教师，建设多元化人才队伍

首先，建设一支既有理论知识又有实践经验的高素质的教师队伍，是创新创业教育的关键。要鼓励教师在开展理论及实践研究同时，反馈和总结教学经验，不断提高在专业教育中渗透创新创业教育理念的意识和能力。其次，建设多元化的教师队伍也很重要。要积极争取来自企业、政府的人才讲授部分专业课程或创新创业教育课程，这有益于创新创业教育紧密结合社会实际，课程教育内容生动、具体。

（四）开发优质适用教材，完善课程体系建设

优质适用的教材和先进的教学方法是创新创业教育课程体系的重要组成部分。从政策上和资金上支持和鼓励教师开展创新创业教育理论研究、开发适合本专业的创新创业教材、探索行之有效的教学模式和教学方法，对于充分调动学生的学习积极性是十分必要的。此外，创新创业教育课程体系的建设需要与专业教育课程体系有机融合，不仅要把创新、创业的理念融入专业教学之中，还应重视学科的互补性和教学的综合性，强调理论课程和实践课程的有机结合，形成内容丰富、操作性强的创新创业教育课程体系。

（五）探索产学结合教育模式，打造创新创业实践平台

创新创业教育是理论与实践的结合，而其实践性特点更为突出。高校的创新创业教育教学过程应该以实践活动为载体，将创新创业教育与实验教学、实习见习、毕业设计以及多种形式的创业计划大赛等第二课堂活动相结合。同时，要积极推进大学科技园和创业孵化基地建设，充分发挥科技园连接高校与社会的桥梁纽带作用。创新创业教育的发展也离不开产业界的参与和支持，应积极探索校企合作教育模式，促进产学合作，进一步加强高校学生科技创业实习基地建设，使之成为高校开展创新创业教育的重要实践平台。

三、构建创新创业教育体系实践经验

中南大学能源科学与工程学院自开展创新创业教育以来，在学院领导的高度重视和全体教师的积极配合下，经过几年探索实践，逐步构建形成了自己的创新创业教育体系。具体工作可以归纳为以下几个方面。

（一）制度建设

在学院层面，我们进一步制定和完善“大学生创新创业训练计划实施办法”“大学生创新创业训练计划项目及经费管理办法”以及其他学科竞赛相关的

制度文件。从项目组织申报、立项、执行、结题验收都作出具体规定，对指导教师在工作量上补助、奖励、考核办法也都作出了具体规定；对参加项目学生给予相应的学分，对项目成果突出的学生授予荣誉称号，从而为中南大学能源科学与工程学院开展大学生创新创业训练工作提供制度依据和政策保障。

（二）项目建设

学院通过出台相关政策，设立专项经费，每年遴选10个优秀项目进行前期资助。在院级资助政策中明确了项目申请、评估、经费监督等具体实施办法，并得到了落实。鼓励和激发学生提出好的创意，设立专干教师收集学生好的想法，并配备指导老师进行指导，重点培育有潜力的项目。

（三）团队建设

中南大学能源科学与工程学院设立了创新创业社团和学科竞赛社团，有共同爱好、兴趣的学生结合在一起实现智慧、激情、朝气的碰撞。团队实行自我管理、教师辅助指导的模式，培养学生的创新精神和创业实践能力，尤其注重培养学生的团队精神。通过专项的研究探讨与实践经验交流，很多简单的想法逐步成熟到国家级、省级的创新创业项目。中南大学能源科学与工程学院的团队建设注重承前启后，在一个团队里既要有大三大四的老队员，也要有大一大二的新队员，并鼓励学生在团队里跨学科、跨专业，取长补短。

（四）课程建设

根据能源学科专业创新创业教育的需要，建立了专门的教师团队编写课程教材，并对各专业本科生培养方案进行全面改革。在课程体系构筑方面，着眼于创新创业教育与专业教育相融合，着眼于学生创新意识的培养、创新创业能力的增强。创新创业教育课程共设立了8个学分，其中理论课程和实践课程均有32个学时。考核办法上并未采取简单的考查方式，而是提交具体的创新项目或创业项目，并从创新性、可行性、合作能力等方面进行考核，注重实践能力培养。

（五）队伍建设

教师队伍建设是一项长期的系统工程。在培养创新创业教师方面，我们重点抓好以下几方面工作：一是要求教师利用横向科研课题机会，积极到有关部门、公司、企业参观锻炼，为指导创新创业项目和学科竞赛项目积累实践经验；二是要求年轻教师参与创新创业教育，担当各类创新创业项目和学科竞赛项目的指导老师；三是聘请公司、企业实践能力强的专家与教师共同担任学生实践指导教师，以提高实践教学效果；四是打造经验丰富、稳定的创新创业课程讲授教师队伍和项目指导教师队伍。

（六）保障建设

设立了能源学院创新创业教育基地，有专门的办公室、教室、机房和专业实验室；配有容纳 220 人的多媒体教室，可以保障本课程正常进行；现有流程工业节能湖南省重点实验室、智能化综合能效管理技术国家地方联合工程中心等科研平台，供学生在创新创业实践课程中了解、参观和学习。

（七）文化建设

学院致力于创新型校园文化建设，如通过开展大学生科技活动月、大学生创新创业训练计划项目成果展、学生论坛、名家讲座等活动营造创新创业教育的文化氛围，以自主创新、先进高尚的文化培育学生、塑造学生，使继承、创造、发展的理念扎根在每位学生思想里。

（八）监控反馈

在项目实施过程中，学院设立了创新创业专干教师监管负责创新创业教育工作，对创新创业成果进行统计和整理，并将创新创业教育工作的进展和存在的问题及时反馈给学院，使学院能够及时采取应对措施和对各项工作进行调整。

四、创新创业教育展望

通过对创新创业教育体系的不断改进和完善，很大程度上调动了老师对创新创业教育工作的积极性，学生受益面得到了显著提高。近三年以来，中南大学能源动力专业的学生在国家级学科竞赛获奖名次，国家级、省级创新项目资助，创业项目的科技含量和质量上都逐年攀升，表明中南大学能源科学与工程学院的创新创业教育进入良性循环的轨道。在此基础上，进一步增强创业意识、促进创新项目转化为创业项目已成为我们创新创业教育的工作目标。这将对于提高能源动力类专业大学生就业率，提升我国企业科技竞争力，活跃市场，实现节能减排、低碳经济等方面具有重要的现实意义。

第二节　大学生创新创业问题和策略

随着高校毕业生人数不断攀升，大学生就业难已成为我国高等教育一个十分突出的问题。创新创业是当代大学生面临严峻的就业形势所要慎重考虑的择业新模式。笔者通过分析大学生创新创业的现状，指出当前我国大学生创新创业中存在的主要问题，并有针对性地提出了完善大学生创新创业的策略。

一、大学生创新创业的背景与现状

大学生创新创业教育最早兴起于20世纪80年代的美国，首批创业者的代表比尔·盖茨掀起了一轮自主创业的革命，在为社会和个人带来可观经济效益的同时，还极大地促进了高校创业教育的发展。而国内大学生创新创业引起社会关注则是从清华大学成功举办第一届“挑战杯”创业计划大赛开始的，可以说，这次大赛标志着国内高校创业教育的起步。2010年教育部下发的《关于大力推进高等学校创新创业教育和大学生自主创业工作的意见》(以下简称《意见》)指出：“各级教育行政部门和高校要将创新创业教育和实践活动成果有机结合，积极创造条件，对创新创业活动中涌现的优秀创业项目进行‘孵化’，切实扶持一批大学生实现自主创业。”《意见》的提出，将我国大学生创新创业教育工作推向了深入和全面发展阶段。经过数年的摸索与实践，国内高校已经初步形成了一些各具特色的创新创业教育模式，如“启蒙—课程—赛事—创业实践”模式、“一体两翼”模式、“融入式”模式。从目前的情况来看，虽然大学生的创业意识、创业能力的培养得到了高校、社会和政府的广泛关注，但实际效果并不理想。麦可斯2012年中国大学生就业报告显示：有创业想法的大学毕业生占毕业生总数的55%，而真正参与创业活动的大学生仅有1%左右，远低于发达国家20%~30%的创业参与率，而且创业成功率不高，2011届高校毕业生创业成功率更是低至0.9%。

二、大学生创新创业中存在的问题

（一）创新创业教育体系不完善

创新创业教育还远未成为我国高校一个独立的专业和学术领域，大多数高校没有把创新创业教育作为高等教育主流教育体系中的一部分，更没有形成相对成熟的理论体系和框架。在高校内部，虽然为学生开展了一些创新创业的工作，但仍旧普遍存在功利性创新创业的教育理念，一些高校教学管理人员认为创新创业教育就是为大学生的毕业就业或创业提供指导，创新创业教育就是为就业有困难的专业或者学生提供创业思路和方向。由此可见，大多数高校没有在教育层面上实施创新创业教育，也没有把它纳入学校的人才培养规划，部分措施还仅仅停留在技术创新和理论创新阶段。

（二）创新创业教育理念滞后

创新创业教育在我国高校开展得比较晚，因此观念相对落后。虽然越来越多的高校开始意识到创新创业教育对学生进行的重要性，而且开设了创新创业教育课程，但是在课程设置上过于重视专业课程的学习，在专业教育教学中与创新创业内容结合度较低,很多学校只是将创新创业教育课程当作一般的必修课程来看，经常发生教师授课流于形式、学生应付教师的情况，这些正是创新创业教育理念落后造成的。多数高校只侧重于通过开展创业计划大赛等活动提高大学生创新创业的技能。而高校创新创业教育应是帮助学生树立创新创业理念、增强创新创业意识、提升创新创业素质、培养创新创业型人才。

（三）创新创业师资力量薄弱

由于对创新创业教育认识不够，积极性不高，以至于许多高校在创新创业师资队伍建设上不够重视，投入不足，造成师资力量薄弱。创新创业教育是一门实践性、综合性很强的学科。而现有承担着创新创业教育的教师以学校大学生就业指导中心的教师和辅导员为主。他们有一定的就业指导理论基础和学生教育管理能力，但是对创新创业知识的讲解仅仅停留在书本上，没有较多案例和实践经验与学生分享。创新创业教育的师资不仅在数量上不能满足需要，在业务能力和实践经验上也与创新创业教育本身所要求的相距甚远。

（四）创新创业意识不强

近年来，教育部开展了一系列大学生创新创业科技竞赛。在此背景下，各高校也逐步开始注意对大学生创新创业能力的培养，积极激励和大力支持大学生参加各种各样的创新创业实践，从教育部到各省市都设立了各类科技竞赛、创业设计大赛、实践教育活动，鼓励学生自主创业。但是这种方式的刺激，往往以短期收益为目标，而不注重对学生创新创业意识的培养。竞赛和活动结束之后，学生获得了奖励，老师取得了荣誉，但在后续的过程中很少有人继续深入实践，多数团队就此终止研究，同时指导教师也转向其他方面的科研。由此可见，以科技竞赛带动的大学生创新实践项目虽然有助于调动学生和老师参与的积极性，但缺乏对大学生创新创业能力培养的长效机制，短期行为严重，忽视了大学生创新观念、逻辑思维、逆向思维等能力的培养，严重影响其持续发展的能力。

（五）创新创业的校园氛围不浓厚

学生创新创业的积极性不高，部分高校不重视大学生创新创业教育，不重视对学生创新思维和创新能力的培养，在大学生创新创业实践的资金、设备、人员、时间等方面没有提供相应的保障，很大程度上打击了学生创新创业的积极性。除此之外，高校的创新创业活动形式单一，设计粗糙，实际影响力不大。一些高校的创新创业活动仅仅停留在表面，创业讲坛、创业比赛等活动内容大多相同，形式单一，毫无新意。另外，创新创业社团利用率不高，渴望创新创业的同学之间缺乏良好的沟通平台，也造成了学生创新创业积极性缺失的问题。

（六）支持创新创业的政策缺失

高校创新创业教育目前在组织、资金、物质上的支持系统不健全，多数高校未成立相应的组织机构，专项资金数量和创业活动场地不足；创业政策的制定和执行协调不力，政府与市场脱节，部分政策实效与创新创业需求不符。高校与政府和社会联动机制的缺失，也导致对学生创新创业提供的服务效果不佳。

三、解决大学生创新创业中存在问题的对策

（一）构建完善的创新创业教育体系

高校需要对原有的创新创业教育体系进行调整和改革，重建完善系统的课程结构。应积极开展创新创业实践，实现培养模式的多样化与培养方案的个性化的有机结合，构建科学合理的教育体系。对于具备创新创业精神和能力的大学生，可以为他们专门制订个性化教学计划，可以开设创业类的专业课程，加强实验室和实践基地的建设，合理增加实验和实践的时间，培养学生的科研能力和动手能力。高校应面向全体大学生设立创新创业教育课程，帮助学生树立创新创业意识，提高综合素质，鼓励学生自主开展模拟创业，开发学生创新思维，培养学生创业精神，帮助学生积累间接创业经验。

（二）提升创新创业教育理念

我们要深刻认识到要想适应我国经济和社会的发展，创建创新型社会，首要的是要培养出创新创业型的人才。培养创新创业型的人才必须转变传统教育观念。首先，学校要转变观念，要将创新创业教育工作落到实处，为真正培养出具有创新创业能力的创新型人才提供制度环境和文化氛围。其次，教师要转变观念，要重新认识创新创业教育的目的和意义，必须端正对创新创业教育的态度，认真讲授好每一节课，设计好每一次实践实习的环节。再次，学生要转变观念，要意识到创新创业课程的开设关系到自己的就业和将来的发展。因此，对相关内容要认真学习和钻研，为实现自己的理想而奠定坚实的基础。

（三）优化创新创业师资力量

增强大学生的创新创业能力必须建设一支既有创新创业理论知识又有丰富实践经验的师资队伍。学校创新创业教育师资队伍的建设可以从以下几方面着手：首先，要制定完善的、科学的创新创业师资建设规划；其次，在学校现有的

师资中，选拔一批愿意从事创新创业教育的专职教师作为骨干，鼓励他们深入创新创业教育的理论研究、申请科研项目，积极参与社会实践；最后，加强与外界合作，聘请企业家、创业成功人士、经济学家、政府官员等作为兼职教师，构建“双师型”教师队伍，提高创新创业教学实用性。

（四）增强大学生创新创业意识

创新创业教育不能仅仅局限在课堂，高校要进一步丰富活动载体，拓宽活动形式，开展学生喜闻乐见的创新创业活动。活动开展前，可通过问卷调查、集体座谈等途径了解学生希望开展的活动形式，并做好活动设计，克服传统就业活动内容雷同、形式单一的弊病，让学生在活动中真正玩有所得、玩有所获。通过专业沙龙、专题讲座、创业大赛等形式培养学生的竞争意识、风险意识、创新意识和团队意识。高校要围绕创新创业教育，丰富创新创业活动载体，使之成为创新创业教育的有机组成部分，抓好其研究工作，积极打造品牌。

（五）共同营造创新创业文化氛围

高校必须意识到大学生的创新创业教育绝对不是就业指导部门一个部门的责任，高校各职能部门、二级学院必须统一思想，积极行动起来，形成互相联系、互相支持的工作格局，共同保障大学生创新创业工作的开展。在思想高度统一的基础上，高校应在时间、人员、设备及经费上为大学生创业提供有力保障。除此之外，要通过校园广播、校园宣传栏、校园报刊等途径大力宣传国家对大学生创业的优惠扶植政策，通过开展主题教育、学术交流、参加竞赛、成果展示等活动，拓宽学生视野，调动学生创新积极性，形成浓厚的创新学术氛围。通过学分奖励、树立创业典型，激发大学生的创业热情，营造良好的创新创业氛围。

（六）健全创新创业扶持机制

建立各方力量联动机制，高校必须转变思维，积极建设高校创新创业教育组织机构，完善创新创业教育运转机制，加大创新创业教育投入。借用社会资源，争取企业对创新创业基金的注入；设立大学生创新创业实训基地和专项基金，鼓励大学生创业实践；利用高校和社会的创新创业优质师资，强化学生创新创业实践指导；完善高校与政府机构、创新创业园区共同服务扶持大学生创新创业联合机制；营建高校与社会力量的互动体系，与社会上专业的培训机构合作，增强高校对学生创新创业的培训。高校应当充分利用政府的扶持政策，借助社会力量，搭建创新创业服务的实体平台。创新创业教育是高校培养创新创业型人才的必然要求，也是解决大学生就业问题的客观需要，更是我国经济持续发展的动力源泉。高校要树立正确的创新创业观念，营建科学合理的教育体系，培养优质的师资队伍，培育浓厚的创新创业氛围，建立有效的高校、政府、社会的服务联动机制，不断加强创新创业教育，提高人才的培养质量，为促进我国创新创业的发展、建设创新创业型国家贡献力量。

第三节　新时期大学生就业能力提高策略

大学生就业问题一直备受社会各界的高度关注。近年来，高校毕业生人数急剧增长，2013 年高校毕业生达到 699 万人，被称为“史上最难就业年”，2014 年高校毕业生 727 万人，2015 年，高校毕业生规模达到 749 万人，大学生的就业形势日趋严峻。对于作为高端人力资源的大学生而言，他们面临的就业问题主要是结构性失业，结构性失业实质是大学生就业能力不足。如何切实提升大学生的就业能力，提高大学生就业竞争力成为目前高校急需解决的重要问题，大学生就业能力的提高是高校人才培养的重要目标，是落实“以人为本”教育理念，促进大学生全面发展、健康成长成才的必然要求，亦是推进全面建成小康社会、实现伟大中国梦的必然要求。

一、大学生就业能力的内涵与现状

（一）大学生就业能力的内涵

就业能力内涵的研究始于 20 世纪初，国外学者主要将其定义为“保持和获得工作”“获得内外部机会”“在企业中取得进展”“决定性技能”等。国内关于大学生就业能力问题的研究在大学生就业难的背景下兴起的。关于大学生就业能力内涵，仁者见仁智者见智。刘建新认为大学生就业能力是“学生毕业时所具备的基本知识、技能、身体素质和其他相关能力的总体”；郑晓明认为大学生就业能力是“大学毕业生在校期间通过知识的学习和综合素质的开发而获得的能够实现就业理想、满足社会需要、在社会生活中实现自身价值的本领”。

笔者认为大学生的就业能力是指大学生顺利就业应具备的能力，包括学习能力、专业能力、实践能力、人际交往能力、责任心和诚信品格养成等。

（二）大学生就业能力的现状

目前一个普遍的就业现象是“大学生找不到合适的工作岗位，企业招聘不到合适的人才”。大学生就业难主要受结构性失业和就业观念的影响，究其深层原因在于大学生就业能力不足。大学生就业能力不足主要表现为以下几个方面。

1.就业期望值高

部分毕业生总是眼高手低，不能正确认识自己，期望自己找到既舒适又高回报的工作；有相当多的毕业生将工作范围定位在大城市、大企业等，不愿意参加国家和地方的基层就业项目，不愿意到相对偏远地方就业；受计划经济思想的影响以及社会观念的影响，许多毕业生依然看中“铁饭碗”工作，不愿意到中小企业工作，一心想考公务员或者进事业单位。这些期望和就业观念严重影响大学毕业生的正确择业观和价值观的树立，并与现实的就业需求产生了矛盾。

2.专业技能不足

由于高校缺乏市场导向理念，部分高校专业课程设置与市场严重脱节，培养的毕业生专业素质不高，技术能力不强，理论基础不扎实等现象频频出现，毫无疑问，这些问题是影响大学生就业的首要因素。此外，一些大学生在校期间也不注重自身专业素质的积累和提升，在面临就业时，自身的专业素质和专业技能不能达到用人单位的要求。

3.实践能力弱

当前，我国高等教育普遍存在偏重理论教育而不太重视实践教育的现象。特别是有些本科院校，在人才培养方案、人才培养过程中忽视学生实践能力的培养，往往培养出眼高手低的毕业生。这些学生社会阅历浅，社会实践能力差，社会适应能力低，动手能力不足，企业在招聘时，实践能力弱的学生一般不能满足招聘单位的要求，顺利就业比较困难。

4.品格养成欠缺

品格养成是指毕业生的个人素养，如诚信、职业道德、责任心、毅力、团队精神、沟通协调能力等，它是大学生就业能力构成不可忽视的重要因素。如今，一些大学生知识、技能和工作业绩都很优秀，但在与人相处方面，特别是在团队协作方面很欠缺，个人主义思想比较严重，过分考虑自己的得失；有些大学生缺乏与人沟通的基本知识和礼貌，还有一些大学生在求职过程中，随意毁约，不讲诚信，给用人单位和学校都造成了不好的影响；有的大学生在就业单位试用期内不能很好地适应职场，责任心和意志力薄弱，频繁跳槽等。

5.求职应聘能力低

求职应聘是大学生就业前必须经历的关键环节，包括收集信息、筛选信息、求职准备、应聘、笔试或面试等一系列步骤。部分大学生在就业之前没有很好地掌握求职应聘的技能、技巧，在求职应聘过程中出现不自信，不知道招聘单位具体情况，也不注重面试礼仪，交际能力差，面试表现差等，导致求职失败。

二、大学生就业能力不足的原因分析

（一）社会原因

社会就业大环境影响着大学生就业。改革开放以来，我国的经济始终保持着较高的增长率，经济实力越来越强，但是经济高增长率并没有相应带来就业率的高增长，相反，就业率远远低于经济增长率。究其原因主要在于，许多地方政府大都通过追加资本投资或引进高新技术等途径获取较高的经济增长率，而不是通过开发人力资源、提高人才层次的途径拉动经济增长，而新增的一些企业和经济项目能吸纳就业的人数比较少，对社会就业率提升作用不大。此外，一些企业缺乏责任意识，出于企业自身原因，不愿接收实习大学生。在求职应聘过程中，大多数企业要求毕业生有相关的工作经验或社会实践。但对于大学生来讲，找到实习单位不易，找到专业对口的实习单位较为困难。

（二）个人原因

学习动机缺乏。在现实生活中，部分大学生以混日子的心态度过大学四年，没有明确的学习目标，生活作风散漫，学习兴趣淡漠，不愿上课，究其根本，是学习动机缺乏。还有些大学生进入大学后放松对自己的要求，沉迷于网络，甚至上网成瘾，终日埋头于电脑游戏不能自拔，致使学业荒废。有学业问题的大学生就业能力一般比较差。

人际交往能力差。有的大学生由于性格内向、胆小、多虑等不敢主动与人交往，显得不合群、独来独往、心事重重。一些大学生由于害羞缺乏主动与人交往的能力，跟陌生人和异性交往时面红耳赤、神色紧张、讲话吞吐，不愿参加社团及实践活动，致使其人际交往能力较差，求职过程中会出现自负与自卑。

缺乏职业规划意识和合作精神。部分大学生缺乏职业规划意识，抱着只要进入大学就万事大吉的心理，未能树立一个明确的职业目标，没有制订大学期间增强其就业能力以提高自己的职业竞争力的计划。与此同时，一些大学生缺乏团结合作精神。现在“90后”大学毕业生个性越来越鲜明，有些大学生以自我为中心，不懂合作，与单位对员工基本素质的要求不符。

（三）家庭原因

家庭教育既是摇篮教育，也是终身教育，家庭教育在子女的成长过程中起到举足轻重的作用。父母的言传身教直接作用于孩子。但由于家庭教育的不和谐，有些不良意识影响着大学生成才，对大学生就业能力培养产生了负能量。比如，“望子成龙”是中国特色的家庭教育理念，家长们常常把自身成长过程中的种种

“遗憾”转化为“希望”寄托在孩子身上，学习至上，不让孩子做家务事，这种思想往往造成一些大学生高分低能、人际关系紧张，动手能力差，唯我独尊，恃宠而骄，很少懂得感恩和关心他人，缺乏团结合作意识。

（四）学校原因

当前高校还未完全走出传统的人才培养模式，重视理论性教育，轻视动手能力等实际操作的技能性培养，国家提出的素质教育目标是高校应大力推进人才培养模式改革，让大学生真正成为社会需要的德、智、体、美、劳全面发展的复合型人才。此外，高校专业设置不尽合理。近年来，新兴产业异军突起，高校受经济利益的驱使，开设相关课程。新开设的专业总体水平一般不高、教学经验不足、教师指导能力不强；学校在人才培养目标、课程设置以及培养方式上都处于摸索阶段，导致毕业生专业课学习不精、不专，影响大学生的就业能力。

三、提升大学生就业能力的对策

会做事，会做人，是现代职场所看重的。相关调查显示，职场对大学生就业能力的要求中，居前十位的职业能力有沟通交流能力、协调能力、心理承受能力、管理能力、独立工作能力、书面表达能力、组织能力、创造能力、口头表达能力、分析能力。提升大学生的就业能力，势在必行，政府、高校、家庭应该共同努力，合力提升大学生综合素质和能力，促进大学生顺利就业。

（一）政府加强政策支持

政府应发挥应有的社会管理职能，把握高校办学定位，加强在高校专业设置、人才培养方面的调整和监测，充分调控高校人才培养规模，指导高校为适应市场经济进行改革。政府同时还应不断出台相应的惠及大学生的就业政策，促进和扶持地方高校毕业生的就业能力提升。此外，努力抓好地方就业环境建设，为大学生就业提供良好的就业氛围，同时加强政策宣传，引导毕业生参加如三支一扶、大学生村干部、西部志愿者等国家和地方基层就业项目，扩展大学生就业途径。

（二）增强大学生的就业意识，改变就业观念

当前，“90后”大学生大多数都是被父母“娇生惯养”的一代人，他们中一部分学生就业意识薄弱，不着急找工作或者不就业情况客观存在着。因此，要提升大学生就业能力，首先应从大学生主观意识如价值观和择业观人手，增强大学生就业意识，改进就业观念。高校应做好大学生职业规划指导和就业动员工作，让大学生在进校初树立职业理想和职业目标，职业规划指导让大学生清楚认识自我，知道能做什么、想做什么、会做什么，让大学生充分了解专业培养目标以及

发展方向，提早为就业做好准备，增强其就业意识，而不是消极等待工作，甚至对就业采取无所谓的态度；同时，高校应大力宣传和鼓励大学生到基层就业，转变大学生一些不切实际的就业期望，根据大学生的实际情况，改变其就业观念，帮助大学生顺利就业。

（三）提高大学生专业素质和人格品质

只有具备扎实的专业基础知识和良好专业素质的毕业生才能被用人单位看中。但是现在的大学生教育中，有些老师和学生都不太重视专业基础知识的积累和专业技能的提高。因此，高校应引导老师和大学生高度重视专业知识储备、专业素质的养成。高校在人才培养和学位授予等方面都要狠抓大学生专业素质培养和提升，这样才能培养出社会需要的人才。

此外，用人单位要求的人才必须是具备诚信、正直、责任感、忠诚度等人格品质的人。因此，提升大学生的就业能力，需要注重强化大学生的职业责任感，在学校教育中，通过思想政治理论课、学校团学活动、校园文化、讲座报告、社会实践等形式培养大学生的良好道德品质，促进大学生的诚信意识、责任感、意志力和合作能力等人格品质养成。

（四）提升大学生实践能力

高校应抓好大学生的专业实习、寒暑假社会实践、毕业实习等实践教育，切实提升大学生的实践能力。学校还应该加强校企合作，共同开发和提升大学生就业能力。比如设立企业奖学金，企业提供实践实习岗位，在合作培养中，企业亦可渗透企业文化、岗前培训等课程，提前对大学生进行人职培训，这既能让学生提前学以致用，了解用人单位，熟悉工作岗位，提升实践能力，对企业也是一种宣传，节省招聘成本的同时扩大企业影响力。建立校企联合的培养模式，可以为大学生实践实习创造条件，同时通过实践实习单位的反馈评价信息，对学校专业课的设置、人才培养具有现实意义。

（五）利用家庭影响提升大学生就业能力

父母的人格个性特征、文化水平和职业类型，都是对子女成长发挥重要影响的因素。父母的知识、能力结构和文化水平，直接决定着父母对家庭“教师”角色的理解和扮演，影响子女的健康成长。在日常生活中，要提升大学生的就业能力，父母应该以身作则，为孩子树立榜样，做孩子成长的引路人、知心朋友而非掌控者，着重培养孩子的独立性、自信心、爱心、感恩和合作意识。在孩子面临就业时，父母应该发动一切社会关系，为孩子多安排实践活动。尽量为孩子提前找单位实习实践，让孩子提早了解社会，适应职场，了解用人单位的用人需求，以便更好地适应未来职场，提升就业能力和就业竞争力。

总之，大学毕业生就业关系着大学生本人的发展、家庭的稳定、社会的和谐。大学生就业能力提升可以在一定程度上缓解大学生就业难的局面。大学生就业培养的提升需要大学生个人的努力，更需要社会、学校、家庭等多方面的共同配合。关于大学生就业能力培养问题的研究还需各位学者继续摸索，以便更好地指导大学生就业能力培养，帮助大学生顺利就业。

第四节　基于大数据管理的高校毕业生就业监测预警系统

21 世纪，随着移动计算、物联网、云计算、网络社交媒体等一系列新型技术大批量涌现，互联网时代正在迅猛地发生转型，昭示着一个大规模生产创造、分享和利用数据信息的时代——“大数据时代”的来临。大数据时代的到来，引发并促进了人类工作、生活、教育等各个领域的变革，它所产生及捕获的海量数据正在对各行各业的发展产生巨大的影响。那么，在当下高校毕业生人数屡创新高、就业形势十分严峻的大背景下，是否可以充分利用大数据优势特点——产生速度快、多样化、多方交互性等，构建一个高校毕业生就业监测预警系统，实现对大学生就业的实时监测，更加科学合理配置大学生资源，缓解大学生就业压力，这显然是一个值得思考与研究的问题方向。

一、就业监测预警系统研究现状及概念界定

（一）国内外研究现状

就业是衡量一个经济体运行好坏的重要指标，从理论层面上来看，有效的就业监测预警系统有助于学者提前了解总体经济状况，为其做进一步研究奠定坚实的基础。近年来，国内外学者从不同角度针对就业监测预警系统做了大量研究。国外学者对该课题的研究集中于就业监测与经济增长的领域。

Martin Godfrey 研究了印度尼西亚的劳动力市场，并且根据对该市场的监测提出了改善印度尼西亚就业的相关政策。另外，Martin Godfrey 还将对印尼的讨论扩展至发展中国家劳动力市场及就业政策的探讨，对于发展中国家经济增长提出了相关建议。Arjan de Haan 和 Julie Koch Laier 在联合国开发计划（UNDP）的工作文件中，提出根据就业预警系统提供的数据，及时采取相关措施，解决撒哈拉以南的非洲的贫困问题。与国外研究相比，国内对就业监测预警系统的研究范围更为广泛，既有宏观层面预警机制的建立，又有针对某一特定群体或者地区就

业预警系统的研究。谢爱国、任志涛和踪程三位学者侧重于高校毕业生就业预警机制的研究，其观点有三：其一，认为大学生就业预警系统的功能包括预测、评估、警报和警情干预三个方面；其二，提出从宏观层面来看，大学生就业预警系统应由政策法规、组织机构和信息系统组成；其三，指出大学生就业预警指标可分为就业评估指标和就业形势预测指标。钱强、周芸和王瑾认为高校毕业生就业预警模型具有综合性，其包括人才需求预警、人才供给预警、专业数据预警、就业趋势预警、供求数据系统和就业信息系统等多项数据。刘志和徐文的研究着重于高校毕业生就业监测方面，他们系统地介绍了我国高校毕业生就业监测状况，围绕现存检测体系存在的问题：监测主体多元化、监测指标相对单一以及检测机制不健全等问题进行了深入探讨，同时还提出了构建高校毕业生就业状况监测指标体的原则，在此基础上构建出一套高校毕业生就业状况监测指标体系，并运用层次分析法和模糊综合评价法得到数值型监测结果——高校毕业生就业状况指数，用来表征高校毕业生就业状况。

（二）概念界定

1. 预警

预警是指为防范某种突发、不测事件的发生，通过构建能够反映被关注对象的指标，对其进行监测、监控，预测预报可能出现的警情。预警从逻辑上讲应包括这样几个阶段：明确警义、寻找警源、分析警兆并预报警度。这里，明确警义是大前提，是预警研究的基础，而寻找警源，分析警兆属于对警情的因素分析及定量分析，预报警度则是预警的目的所在。

2. 高校毕业生就业预警系统

大学生就业难问题在我国出现的时间较短，目前对就业预警系统的研究还处于起步阶段，相关成果较少，国内学术界尚未就高校毕业生就业预警系统达成一个权威、标准的定义。该文将高校毕业生就业预警系统定义为，根据社会、行业对人才的需求，政府、高校和就业机构等按照预定的科学程序和技术手段，以高校毕业生就业相关影响因素为指标，对其进行监测，同时对高校整体以及各专业的就业状况和形势进行纵、横向的评估，在信息分析的基础上预报就业形势变化，并根据警戒线发布就业预警的系统。

二、基于大数据管理的高校毕业生就业监测预警系统

关于高校毕业生就业监测预警系统的构建方法及步骤，近年来，不同学者均提出了不同的意见。段虎提出建立高校毕业生就业预警机制的工作步骤：确定就业预警监测的内容、收集就业预警的相关信息、科学地分析处理有关数据及建立有效的预警发布系统；曹蓉玫认为建立高校毕业就业预警机制的途径有：建立高

校毕业生就业制度预警机制、就业信息预警机制及就业应急预案；邹治则指出高校毕业就业预警系统的建立可划分为以下四个阶段：高校毕业就业警情确定阶段、就业影响因素分析阶段、就业监测阶段及就业预警阶段。笔者以谢爱国等人提出的大学生就业预警系统为基础，从大数据管理的视角，对其进行相应的改良与完善，建立基于大数据管理的高校毕业生就业监测预警系统。

从宏观层面来看，基于大数据管理的高校毕业生就业监测预警系统可分为外部宏观环境、内部运作流程及大数据管理系统三大部分：第一部分外部宏观环境指的是，高校毕业生就业监测预警系统的运作受外部宏观环境因素（如政策法规、经济体制、市场行情等）的影响；第二部分内部运作流程由信息收集监测系统、信息统计分析系统、就业危机预警系统及警情处理反馈系统；第三部分大数据管理系统可概括为“数据获取与集成”“数据存储”“数据处理”“解释分析”“预测与决策”五个阶段流程。三大部分实质上形成一个有机环，彼此两两之间相互关联、相互作用。

外部宏观环境——内部运作流程。当外部宏观环境如政策法规、市场行情等发生变化时，会产生一定的刺激反应，这种刺激反应通过渠道传送给内部运作流程，内部运作流程据此对其进行环节调整、流程完善等工作；内部运作流程实施的过程中，根据流程作业生成对应的现状分析报告、预警处理方案等将通过反馈机制，传送给外部宏观环境，外部宏观环境依据报告、方案等适时地对政策法规进行修订完善、对市场运行进行干预。

大数据管理系统——内部运作流程。对于内部运作流程而言，内外部环境的不确定性所导致的预警失误无疑是其最大的风险，大数据管理的引入为减少风险提供了强有力的技术支撑，大数据管理依据其“五阶段流程”收集海量数据，对内外部环境进行及时快速有效的针对性分析，并通过数据输入将这一分析报告传送给内部运作流程以供参考；内部运作流程实施中，通过其子系统对数据获取、处理、分析的同时，也将通过大数据管理的数据输入渠道传送进大数据管理系统，并将数据存档，作为数据储备以备后期研究所需。

大数据管理系统——外部宏观环境。在外部宏观环境发生变化，将刺激传送给内部运作流程的同时，也通过大数据的数据输入渠道将刺激传送给大数据管理系统，存入数据库中；大数据管理系统，通过其内部运作流程，利用其海量数据对应地会生成数据分析报告，通过数据输出渠道将相关报告传送给外部宏观环境，以便其进行适当调控。

（一）信息收集监测系统

信息收集监测系统是高校毕业生就业监测预警系统的第一步，是内部流程运作的基础，属于事前预警阶段。其功能主要是通过一定的信息收集渠道及监测技术方法，对五个系统主体与高校毕业生就业相关的因素及行为进行收集及监测：政府，如高校毕业生就业创业促进优惠政策、就业率统计等；高等院校，如招生规模、专业设置等；毕业生，如就业能力素质、就业去向等；用人单位，如劳动力需求变化、用工满意度等；就业服务机构，如就业信息传播、就业辅导等。进而将收集到的因素及行为等预警指标，存入数据库，以备下一步工作开展。

基于大数据管理的信息收集监测系统，则是在原有的模型基础上，引入大数据管理系统，利用大数据管理平台进行高速、不间断、及时、全面、多层次、多维度地收集内部系统主体及外部宏观环境的数据信息，同时对数据信息进行集成分类存储。简单而言，大数据管理系统的引入为信息收集监测系统外增了一个强大的数据获取及集成平台。

（二）信息统计分析系统

信息统计分析系统由“数据库”“参数库”“数理模型”“统计分析技术方法”组成，与信息收集监测系统同属于事前预警阶段。不同的是，信息收集监测系统做的是将与各系统主体有关的因素及行为进行收集，存入数据库；信息统计分析系统的功能是，以信息收集监测系统收集整理的储存于数据库中的数据为基础，结合各种数理模型对数据进行统计分析，并与相应参数的正常标准值进行比较，得出统计分析报告，并将报告传输给下一子系统——就业危机预警系统。

大数据管理系统的引入，将实现信息统计分析系统内部数理模型及统计分析技术方法与其数据处理库相结合，系统根据行业、专业特征，有选择地对存储于数据库中的数据信息进行处理及解释分析，最终整合关键信息生成有针对性的统计分析报告。

（三）就业危机预警系统

就业危机预警系统属于事中监控阶段，其功能是对信息统计分析系统上传的统计分析报告进一步的加工，运用如人才需求预警、人才供给预警、供求平衡度预警、专业供求预警、就业形势预警、需求结构预警、就业满意度预警等多项预警模型作出警情判断，同时，考虑到定量形式的预警可能会出现一定的不足及漏洞，就业危机预警系统拟建立由知识及经验丰富的专家学者组成的就业预警专家委员会，融合专家学者的智慧，对不同形式的分析报告作出就业评估、就业预测及就业报警等定性意见。

由于内部外环境的不确定性，原有的系统模型受限于有限容量的数据库，在危机预警方面存在着较大的时间滞后性，预警的准确性和及时性受到制约。大数据管理系统的增设，则大大地减少预警的时间滞后性、提高预警的准确性和及时性。大数据管理系统具有强大的环境扫描能力及市场行情分析能力，能够依据其内部解释分析系统及预测系统，同时结合各种预警模型，对发生强烈变化的内外部环境做出及时反应，对环境细微变化进行有效感知，实现及时、准确地预测就业变化趋势，对就业危机做出有效预警。

（四）警情处理反馈系统

从属于事后反馈阶段的警情处理反馈系统，由就业预警专家委员会及内部系统构成。一方面，在就业危机预警系统运行的同时，就业预警专家委员会针对预测到的就业隐患提出相应的警情处理方案传送给警情处理反馈系统，让其做好预案；另一方面，根据就业危机预警系统传达出的报警信号，警情处理反馈系统通过内部系统处理、确定警源，制定警情处理方案。将由两种不同途径得出的警情处理方案，进行综合处理，并依据综合后的警情处理方案对系统主体（政府、高等院校、毕业生、用人单位、就业服务机构）的行为进行相应的调控，予以反馈处理。

在大数据管理系统的作用下，警情处理反馈系统将依据由就业危机预警系统传送过来的报警信号，借助“预测与决策”阶段系统对警情进行分层次分维度的剖析，同时根据剖析结果在大数据库中高速检索警情对应预案，最后汇总整合成一份全面细致的警情处理方案，并予以实施。另外，大数据管理系统因内部存储了海量数据，在制定警情处理方案的同时，也会将行为调整反馈报告通过数据输出渠道传送给系统主体。

第六章　大数据时代信息化发展对推动高校教育管理创新的策略研究探析

第一节　创新高校教育管理体制

一、高校教育管理体制需要在信息化下进行改革

管理系统包括三个方面的内容：隶属关系的确立、组织结构的建立和管理权限的划分。高校教育管理系统是指对高校教育管理的组织结构和权力归属进行划分，划分的时候既要注重培养目标的特殊性，又要体现教学水平，更要能遵循教育教学规律。这隶属于大学的管理体制。传统的大学教育管理结构是金字塔型结构，是由官僚式组织结构形成的垂直自上而下模式，“强调管理结构位于上层组织结构上的责任和权威”。教育机构是这个方面的代表。教育家罗泰 (Lortie，1969) 就曾经表示，学校里面，管理权集中在最顶端，权力集中分配，按等级分配。

它要求改变传统的教育管理体制，加大体制创新力度。在当今信息时代，学校的环境变得更复杂，更多样，这要求学校的管理方式既要多样化，也要兼顾个性化。传统的教育管理体制不灵活，无法有效适应内外部环境的多元化变化，过于僵化。新技术环境冲破了原有教育结构的刚性布局，僵化的条理信息传达形成了灵活多变的结构和扁平化的信息传递渠道。因此，对传统校园教育管理体制进行改革是有必要的。在改革过程中，信息技术提供了强有力的支持，为教育管理体制改革注入了新的活力，在学校管理组织体系中应用广泛。由于本系统通过基于一个根本不同的校园网教育管理体制革新方案的落实，校园网管理通常情况下从学校的草根运动的成长，中层管理是一个学校的教职员工和学生的主要用户和促进。广大师生都是网络信息技术的拥有者，他们具备参与改革的知识和能力，是教育管理体制改革的领导者。同时，信息社会的到来，让教育管理者开始面临极大的挑战，也提高了对他们综合素养水平的标准，需要他们与时俱进，不断适应新时代，抓住机遇迎接挑战。

二、高校教育管理组织机构的变化

我们可以从以下几项对组织的结构进行评价：（1）责任性，组织的每个成员都应该对组织负责；（2）适应性，组织要经常随时间不断变化并进行革新；（3）及时性，要及时完成工作，速度要快；（4）响应性，对组织外部环境需求，要及时响应；（5）效率，组织成员要可靠地完成任务，还要有最小的出错率，并且要考虑到资源的经济性，简单说就是又快又好。但是目前的教育管理组织结构是一种官僚主义，我们要改变目前的这种结构，这样才能提高高校教育管理的效率。根据以上几项的要求，需要一种扁平化的教育管理组织结构，对官僚制组织结构进行改革。高校教育管理是指要取消教学机构管理组织中的大部分中间管理层，加大管理组织的扁平化，以达到减少中层管理团队的目的。在大数据环境下，教育管理组织的扁平化是有可能的，这也是必要的。有以下几点原因：（1）对组织结构进行扁平化处理，有助于充分发挥基层管理人员的能动性，给他们以更广阔的发展空间；（2）大量繁琐的、需要人来完成的工作，可以由计算机或者自动化设备完成；（3）由于网络交互的特性，决策层和执行层的信息传递更加方便快捷，一些中间层管理机构可以取消，使得加强管理幅度成为可能。

三、高校教育管理权限的重新划分

在高校教育管理组织环境下大数据趋于简化，但组织关系更为复杂，这是因为缩简机构，降低管理人员的数量，导致机构之间、管理人员之间以及机构和管理人员之间的关系更为复杂。系统进过发展后，会逐渐变得更加复杂。这时，如果日常管理权继续收归中央机构，它就变得难以维系，中央机构就必须把部分管理权下放到下层。

就高校而言，高校层面是宏观层面的管理，教学质量和高校协调控制是否有效拥有着非常紧密的关联，所以高校应对整个学校的所有专业进行很强的管理，并施行对应方针政策，这样才能作为整个教学过程的有力保障者和支持者。管理的具体内容涵盖领导学校招生和分配工作，决策全校教育管理重大事项，建设教育管理制度规章，完善教学质量评价系统，设计，科学化教育培训规划，提出或者修正教育计划要求，对实习进行安排、对公共选修课和文化素质课进行安排，对学生进行管理，加强教学科研信息系统及教学基础设施的建立。当然，在这些管理活动中，老师和学生的意见不容忽视。学校管理系统的职能首先是宏观管理，其次是为教学工作提供方便，最后是决策。我们应该注意到，这些管理活动在不同部门的分工不同，赋给各部门的权限也不同，怎么分工，如何赋权，值得探讨。学校（系）级各部门层面有自己比较完整的教学管理组织结构，如有多个部门和相应的教学秘书，有教务处，对学生的工作负有特殊的责任，还有分配学校教育经费的权力、制定各学科的教学计划，负责部门课程安排、教师安排的权力；制定更加详细的专业教学，如组织的教学研究活动、教学质量评价、各种考试的组织、实验设计和实践安排；负责学院和学校的学生奖惩等处理以及院（系）、学校教学之间的协调问题等。在这一系列活动中，师生参与决策。

从高校教育管理涉及的一个系主任或部门负责人的教学，与相关负责人、副校长、主任及教职人员、教育管理人员、师生。如何将教育管理权分配给这些人才能达到最优？考虑到管理者可以在其所在权力范围内行使权力，而教师实施教学、学生进行学习，他们的权利得不到保障，所以这里着重介绍老师和学生的权力。传统的教育管理权主要归校长和负责教学工作的副校长所有，教学活动在教学部门的领导下开展，老师听从院长的安排，按照同一教学纲领对学生进行知识的传授。然后教师布置要学习的各种知识，学生学会如何学习，至于要学什么，在教育管理中，谁也没有发言权。也就是说，教育管理的权威掌握在学校的领导手中，教师和学生手上基本上这方面的权力。为了能够让教学活动变得既有效又有趣，应该将更多的权力和更多的自由给予教师和学生。首先，教师和学生在涉及教学层面的重大决策和决议，都有评价权、提案权甚至决策权，而且这些权力应该设立具体的规章制度，进行保障。其次，对于教师，他们可以选择教学对象，研究项目，并得出自己的结论；对于学生，在正确的方法指导下学习的前提下，具有选择选修课程的自由、选择相关的专业的自由、选择教师的自由和选择学习内容的自由，并且能够形成自己的自由思想，参与教育管理评价。

第二节 改革和完善高校教育管理

一、引入先进的管理思想

只有在先进管理理念的指导下，教育管理才能发展起来。在信息化时代下，高校教育管理者除了要具备教育管理能力外，还应具备先进的管理思想：

第一，主动适应的思想。主动适应思想是指教育管理工作应主动适应社会发展需要的人才培养，随时随地捕捉信息社会对人才的需求，及时调整教育管理思路，顺应时代的潮流。主动适应性思维将成为高校教育管理的指导思想，教育管理的主动适应性思维是强调适度分权，针对内部要素和外部环境的变化采用灵活的态度来应对。

第二，人本观念。学校管理的核心在于教学管理。人本观念首先体现在管理过程中法人主体地位放在首要位置，促使教师和学生在工作和学习的过程当中，充分参与到管理实践当中，让他们在参与的同时，获得身心综合发展的能力、知识等。教师和学生的创新充分挖掘了潜能。因为学生是学习的主体，教师是教学的主体，他们拥有积极创造的内在潜能，对于提高教育管理质量来说，意义重大。所以，在具体的管理环节一定要注意激发师生创造力，充分调动他们的主观能动性，在所有的管理活动当中要实现全方位的注意和把控，以便有效提升教育质量。

第三，全面质量管理理念。究其根源，全面质量管理理念可追溯到美国公司管理思想。全面质量管理是一个组织，把质量当作核心，将全员共同参与作为根基，目的在于让顾客满意与组织中全部成员与社会受益而获得持续成功的路径。高校教育管理实践当中的全面质量管理包括：（1）全过程质量管理。想要把教育目标放在核心，科学有序地实施教育教学活动，就要加强对教育教学环节质量的全方位把控，尤其是要管理好接口，保证不同环节的有效衔接，有效确定不同环节要达到的质量标准。（2）全方位质量管理。想进行综合性的管理，只要是影响或涉及教学质量环节和因素，就要考虑。比如说对后勤服务部门、管理部门自身等部门的工作质量进行管理，它们的工作都会影响到教学质量和教学工作，还要这是我国高校的实际情况。（3）全员质量管理。学校的各个部门、每一位成员（包括全体教师和学生）都应该主动积极地参与质量管理，努力提高自己的工作质量，以培养高素质的专门人才。

二、利用信息化手段改革教学计划的管理方式

要深化教学改革，第一步要做的是改革教学计划。只有好的教学计划才能保证好的教学质量。制定好教学计划，是建立教学体系、安排教学任务、组织教学过程的基础。教学计划一般是在国家相应教育部门的指导下，考虑全局效益，由教育学家或相关人员独立制定的。教学计划都符合教学规律，一段时间内稳定不变，但长远来看，也要不断及时调整和修正，能够适应社会的新发展、经济和科学技术的进步。

教育管理者还要改变传统的教学观念，及时修改和调整教学计划。原因有以下几点：一是从社会对人才的要求来看，是因为当今科学技术和社会经济人才发展的要求越来越接近，要综合社会对人才的要求来制定教学规划；二是就人才的成长而言，大学也只是学习的一个阶段，是终身学习到一个组成，但是并不是学习的终点所在。因此在大学时期，不单单要注意加强专业知识学习与积累，更为主要的是要掌握学习方法，还要学会生存，学会共同生活，学会做事，也要注意提升创新能力与创造力；三是从整个世界来看，中国已经加入 WTO, 经济全球化的趋势发展迅猛，中国的人才要走向世界，在整个世界上进行竞争，中国教育也要注意国际化人才的培养。

信息化时代要求我们紧跟时代潮流，准确预测社会对人才要求的改变，培养

符合国家要求的人才。要达到这一目标，我们应该加强对信息技术手段的合理化应用，科学设计教育规划，并对其实时监控和及时反馈，制定对教学方案的平价标准，使高校毕业生尽量满足社会的要求。

三、大数据环境下高校教学计划的制定

第一，教学校计划应该满足以下几点要求：（1）客观性。要尽量按社会主义市场经济的要求，设计多种人才培养模式，也要尽可能多地考虑到未来环境的变化，设计多种智能结构。（2）灵活性。学生要找到适合自己发展潜力的模式，学校要尽可能提供不同种类的多种模式。具体方法可以参考以下建议：学分制方面，可以采用完全学分制。在信息技术大范围推广应用的进程中，远程高等教育得到了长足发展，任何科目、任何内容，学生都可以借助网络进行学习，不限于时间和空间；安排教学时，需要充分合理的应用好信息技术，让学生拥有一个充分选择的空间，也要针对不同的学生的不同特点设计符合其个性的教学过程：应该将学生培养成这样的人才，整体素质高，基础扎实，专业能力也不差，注重知识的全面发展，能借助网络拓宽眼见丰富知识面，拥有终身学习与可持续发展的能力，但必须承认大学生的各种类型的要求不可能有一个统一的标准，我们要鼓励自由发展。

第二，制定教学计划的一般程序。社会更广泛的调查，经济和信息技术应用的人才技术发展的需求，对培养目标和业务类示范专业分析；了解有关文件精神和规定的注册研究；提出的意见和部门的学校教学计划的要求；（所）主持制定教学纲领，系（院）教学委员会进行审议，由学校教学工作委员会复审核查，核查签字后由执行校长签字确认。

第三，大学教学计划的内容，主要包括以下两个方面：确立合理的专业培养目标，设置合适的课程。因为专业培养目标的质量标准、课程的设置与人才的发展息息相关。本文主要研究业培养目标的确立与课程的设置。在专业设置和专业培训目标的确立上，主要应用了调查的方法。调查的基本步骤包括：（1）凭借履历或理论分析提出若干备用的选项；（2）发放调查问卷，让被调查者在备用的选项中选择自己的意见或建议；（3）对调查结果进行统计分析，按照被选择次数的多少对各个选项进行由多到少排队；（4）制定一定的规则，看看那个选项应该占的比重较大。在整个过程中，要充分利用信息技术，借助网络收集信息，收集完后可以借助计算机对调查信息进行统计分析，得出结果。同时还应注意以下几个方面：一是要进行可靠的预测，对毕业生的就业情况有一定把握，毕业生只有满足社会的要求，高校才能有较高的就业率；二是引入更多的优秀教师，完备实验仪器和必要的书籍，生活设施也应该尽量完善；三是要有尽可能宽的口径，形成宽口径专业教育模式。目前的情况是教学信息越来越不难获取，学习知识也变

得更加容易，但是要进行知识的重组和创新变得比较困难，所以我们要重点训练学生的综合素质；四是要有学校自身的特点，学科建设要结合学校的地域优势和传统优势学科；五是考虑到专业的冷热门问题，并及时调整，满足需求。

信息时代下，高校要实施教育教学管理按照以下几点来做。在这之前首先要肯定的是，应保持相对稳定和严格地执行教学计划。为此可以指定以下两条准则：

一是通过注册表或系统执行制备的一年，将其分为学期教学计划和年度教学计划，制定工作表，安排好每个学期的教学任务、教学教室等；二是由相关部门制订教学组织计划，如社会实践计划、实习计划、实验教学计划、培训计划等。要制定适当的政策和环境以及保证教学基础设施，还有教育管理和教师、学生相配合，这分别是教学计划顺利实施的内外部条件。在这个过程中要把握五个方面：一是要切实维护教学计划的严肃性和权威性，严格遵守教学计划，可以适当调整；二是在具体的实施过程中，严格选择计划材料，遵照教学大纲的要求；三是加强教师群体的力量，确保教学第一线与教学计划一致；四是制定教学质量评价方案并严格监测执行，可以借助信息技术建立自动的监测和反馈系统；五是教学组织与管理要严格按照教学计划进行。

四、改革学生的培养方式与管理模式

信息时代要求人才具有更高的素质，改革人才的教育方式和管理模式是必要的。信息技术为这项改革提供了条件，萨摩尔·帕波特说，“我认为数字媒体教育的真正贡献，它有它的弹性，使每一个人都能找到适合自己的学习方法。它也使每一个有抱负的教育家梦想成真，在未来的学习环境中，每个学习者是特殊的。”

大数据环境下改革学生的培养方式主要体现在以下三个方面：

一是在教学中促进“参与式”教学法。该教学法主要以提问式教学活动、开放性内容为特征，问题无标准答案，作业、论文也很少甚至没有，能带给学生自由思考的充足时间和空间。利用网络技术和计算机技术收集相关信息来解答问题，通过对问题的解答完成知识学习与内化。在这样一个学习实践活动当中，学生不单单掌握了借助网络解答各种问题的能力，而且最后学会了与“问题”有关的知识。同时，针对不同的学生，基础和综合研究推广，三层次的学习和培训，因材施教，针对学生自身的特点确立恰当培育目标，设置，严谨学习规划，尽可能让每一个人都能得到很好的发展。

二是努力培养学生的社会实践能力，加强实践教学。很多情况下实践和实验资源的不足会影响实践教学的水平。那么在资源不足的情况下，我们应该怎么做？我们可以利用计算机和网络，编制软件，这个软件具有虚拟实验室的功能，学生可以模拟操作。如利用计算机软件在虚拟实验室中解剖青蛙（数码青蛙）等。

虚拟实验室的优点是成本低，而且实验失败，方便重来，学生可以反复练习，直到熟练掌握；也可以模拟实验现场肉眼不可见或实验过程非常危险或实验环境确实难以建立的情况，来尽量满足实验的要求。

三是鼓励学生跨学科学习，培养全面型人才。当今社会，随着信息技术的发展，新的学科不断涌现，这些学科大部分是由学科交叉形成的。建立交叉学科培养机制，培养学生跨学科背景。在基础学科和谐的高校中，打破不同专业教育壁垒，要创建跨学科教学的培养机制，可以借鉴国外成功的跨学科教学的经验。具体实现过程如下，以培养计划为基础，为学生选定必修课程，这些课程是跨学科的，包括文学、理学、工学等多个领域，以便对学生的综合分析力进行有效锻炼，培育学生创新思维与创造力。要提供多种专业、多类课程、多个教师供学生选择，这样学生就能根据个人兴趣制定自己的培养目标，进行自主学习。让学生跨部门、跨专业、跨班。高校应完善相关课程，抓住交叉的学科的新增长点，组织多学科的力量开展教学，配备必要的教师，形成跨学科的教学模式，激发创新意识，促使学生应用到探究新领域中，全面发展自己。

在学生培养模式改革的基础上，对学生的管理方式也发生了很大变化。目前，大多数高校实行学分制，这是在计划经济时代就形成的管理模式，灵活性不够，刚性太强，约束力也太多。在当今大数据环境下，对学生的管理，我们更加提倡注重学生个性化的模式。教师管理系统以学生为中心，学生为主导，教师为辅助，建立学生服务中心。具体操作有：一是建立心理咨询、急救救援、工作研究、学习指导机制，建立相应的社区管理部门；二是以学生宿舍为基础，取消班级，由8~15名学生与老师形成一个整体；三是由研究生或高年级优秀学生协助管理，为学生提供指导。这种管理模式可以实现学生的自我教育、管理、服务，能够让学生的综合素质得到有效发展和锻炼，帮助学生积极发展。

五、加强课程教学管理改革

再怎么强调课程建设也不过分。也从很大层面上看，课程的重要，请远远高于专业，之所以会这样说是由于课程体现了专业。我们要给学生制作一桌丰盛的“宴席”，不能只开出好菜单，还需确保每样菜品都爽口。

在信息时代，知识变得越来越重要。高校课程体系优劣评估要特别注意：一是课程体系的整合，对不同学科之间的课程研究越深入，整合程度越大；二是课程体系的完整性，课程越多，内容越丰富，体系越完整；三是课程体系的可持续发展，是指科学技术的变化和发展，遵循社会课程体系，及时自我调整和自我更新；四是课程体系的平衡结构，课程是指原发性和继发性，层次结构和内部关系和相互之间的配合度。根据这些指标，在优化课程体系时，我们应该注意以下几点：

首先，注重更新教学内容，教学内容要具有思想性、科学性、前沿性和创新性。

课程内容要及时更新，可以将最新的科学研究成果引入课程，激发学生的学习兴趣，进行课堂教学和网络教学相结合的方式，积极开展网上教学。

其次，要重视跨学科课程建设，重视理工科类和文学类学科的相互渗透，密切关注综合学科和交叉学科的创建。还应该注意到教材方面存在许多问题。目前的教材都是很久之前的老教材，教材的利用率不高，而且新教材很少。经过对教材展开调查，我们发现5年前写的，在本科教育教学的比例占到50%，在3年前编写的教材占30%，新教材中的比例太小。为解决这一问题，高校教育管理者应制定相关政策，指导和支持新教材的建设和使用。在师资培训方面，应加强师资队伍建设和队伍建设。前哈佛大学校长科南特曾说："大学的荣誉不在于学校建筑的数量，但在其代教师的质量。"不太强调大学应该怎么办。建设教师主要来自四个方面：在大量优秀教师的引进，不拘形迹的教师的培养；学校；借款国和其他学校的教师和其他相关部门；在三种类型的教师激励机制和竞争机制的引入。

再次，要重视总结近年来课程体系改革和教学内容的成果和经验，并从中吸收有用的成分，积极扩展教学内容，进行教学改革。我们还应该增加课程的种类和数量。

最后，注重课程比例的合理设置。现如今高校基本都实行学分制管理，学生的课程分为必修课和选修课，必修课和选修课之间必须有合理的比例。目前选修课的占比比较低，有待提高。同时也可以在必修课程加入选课系统，选课义务机制引入课堂，使义务范围较大，如数学、物理、计算机应用、英语课程有不同的等级，在理论分析中的一些重点，在实际应用中的一些重点，学生可以根据专业方向和自己的兴趣选择相应的课程。

六、教学评价体系的科学化和规范化的建立

教育评价中教学评价是至关重要的，教学评价就是得依据特定的教学的目标于一定的教学系统里搜集信息、精确理解，最后再科学而全面的分析，从而让评价能客观，并使教学质量的提升能有一个依托，也为改革提供一些凭据。教学评价的教学意义十分重要，它可以用来指导，也可以帮助决策，还能进行适当的反馈。在20世纪90年代中国高校开展的教学评价工作得到了极快发展，1990年10月，国家教委发布了《普通高等学校教育评估暂行规定》；1994年6月，国家教委又发布了《关于加强普通高等学校教学工作的意见》，由此，高校中教学质量的评价可以反过来影响教学质量，有一定的限制作用。截至2002年，全国已有222所高校接受本科教学评估。基于提升教学的品质的目的，中国多数高校进行了教学改革，并主动进行教学的评价。

依据高校教学的特点，教学评价的体系应当全面且多元化。教学评价的对象

和主体是最先要清楚并确定的。一是教学评价的对象。教学评价按对象可分为整体教学评价、专业教学评价和单项教学评价。对一个学校进行教学评价要有宏观的观点，对环境质量、办学水平以及专业人才进行全面的评价；对专业的学校和教学水平去深入而全面的评价就是教学评价，主要应注意教学质量和办学特色；对综合素质进行一个微观状态下的过程的评价也是教学评价，而较为基础和重要的是高校教学的评估。这里此处说的是有关于课堂的教学评价。二是教学评价主体。主体多样才能更全面而深入，有自评和他评，去评价自己和教育对象，还有学科专家、管理干部、领导和社会来进行评价。依托现在的网络和计算机技术，使用软件对信息进行分析处理是现今通用的。

还应施行多元的评价标准。像就学生而言，不同情况标准应不同，如学校、专业和年龄等。此为以下几个方面决定的：

第一，个别学生的多样性。个别学生差别甚大，不仅和遗传有着非常密切的关联，后天环境因素以及后天接受教育水平也扮演着重要角色，每个学生对于自己的意识还有自己付出的努力的不同，都形成了独特个体。

第二，来源差异的学生。我国的高校教育正朝着大众化的方向发展，很多社会上的人进入学校，这个学生时期就不再一致了，素质各异的学子的要求也是不同的。像老年人要不要上体育课，学生可不可以成婚并孕育？

第三，信息化水平的提升，促使信息获取路径呈多元化的发展态势。“现如今教育教学信息的收集和沟通已经从传统时代过渡到数字信息化时代，在这样的背景下，人们能够自由自主的完成信息互动沟通，就如同宇航员在太空失重环境当中能够让身体随意移动一样容易。”

以上这些使得教师在评价时不能用一样的标准，应当各有标准。就考试制度改革现阶段的具体要求来说，考试是一个证明来说明教学质量，同样是考核的重要方法。可以知道在考试中，临时抱佛脚去死记硬背是可能取得好成绩的，但平时底子好的同学也许就不能筛选出来，这样教学质量的审查就有些偏颇了，不能很好地检测学子的学习程度和能力。就教和学来进行评价方面来说，在过去重视老师教授及学子获取来看，理应让学生学会创新并有实践的成果。考试制度在大数据条件下的革新应表现在：于考试内容，要侧重让学子的运用知识的能力可以展现，有其关于问题进行全面解决的方案；在考试记录，把握素质教育，不要使框架固定不变，一定情况下不用百分制进行评分；处于考试时注意比例的等级；对教学和考试系统的考试改革分离的实施，建立专门的检测中心，对于基础课的考核各个过程都要把握好，不管是命题还是检阅试卷都要搞好质量的查验；检查考核的方式也应有创新，可采取的写作，撰写研究报告、研究文献综述产品设计，这样利于学子的各自思索以及创造能力的提高，基本的像是关于增加测试计算机课程实验教学内容设置综合性和设计性实验中，实验教学的考核侧重于基本操作测试。

最后，教学评价方法。现今，存在多种教学评价方法，像定性与定量评价，综合与专项评价、诊断性和总结性评价。不管哪种评价方式，都该特别关注：一是评价和固定时期的评价综合考虑；二是综合评价和评价这三者的融合不同一般；定性定量评价相结合的评价；四是客观评价和自我这个组合评价；五是回顾和评价相结合的评价和展望；六是与毕业考核联系起来；七是评价与评估的全面考虑；八是评价成果要与教学结果挂钩。

第三节　建设高素质的教育管理队伍

有不同的原因影响教育管理的质量，包括人力、财力、物力、信息等。具体有人、教师、学生、教学人员、教育管理、图书馆的工作者管之类。教育管理者是上述人中首要的，因为人是主体更是管理的第一位的因素，全部都要人来组织和实行。写出教学有关规划和刚要以及安排学习内容、课程安排、教材预订到头发，包括学生的考试到毕业设计、实践等，各个阶段都不能没有教育管理者的加入。基于大数据时代的情况，教育管理质量日益受到多方面影响，其中信息更是关键要素，且各种原因渐渐复杂。且而教育管理应该是管理的特别、管理的目标、管理的深度、管理的改革的精神，想实现管理的效能，高素质的教育管理队伍是至关重要的。怎样建立一支高素质的教育管理队伍？

一、当前高校教育管理队伍素质状况分析

从教育管理人员素质现状和教育管理队伍素质现状两方面分析了教育管理团队的素质。

首先，教育管理现状。高校教育管理人员由不同管理人员构成，像研究生、普通全日制本科生、成人教育等行政部门、部门和部门。

目前教育管理人员的素质方面有些缺失：

第一，知识结构不完善。很多教育管理人员没有系统学习关于教育、管理及心理学的学科知识，甚至没有相关岗位的工作经验，还极少有深造的条件。在实际工作中，单单经过指导和实践的一些经验，管理者自身深入了解及回顾概括的太少，同时没有含及关于管理的知识，因而知识的结构不完善。

第二，知识更新速率加快。如今的知识逐渐不适用，人们必须随之了解新的知识。社会发展进步的速度越快，新旧知识之间的更迭速度越快。传统的教育管理理念在教学体系中起着教学的作用，教育管理人员只是工作的事务，不必具备

过多专业化的知识技能，受这一思想的制约不需要相关的专业知识。在这种思想的影响下，绝大多数的教育管理人员都不学习和改进个人工作。还有很多人拒绝接受新知识理论以及实践的学习，无法追赶上时代和教育管理改革步伐。

第三，高校管理者较于老师，工作时间、薪酬、不同职称各不一样，使得难以各种间隙，很多管理者出现心理问题，特别是情绪不好，幸福感缺失。教育管理者通常缺乏创新意识与创造力。

第四，信息管理意识淡薄，管理效率低下。人们不懂也不愿去提高现代信息技术的使用效率有一些原因：一是教学人员对信息技术知道的很少，关于怎么使用现在的信息技术无从下手，还有没有提供具体的要求，更谈不上去利用信息技术；二是现在中层管理干部因为时代的局限，很少懂得电脑技术，对管理信息不太关注甚至不喜，同时害怕自身权威下降；三是管理人员习惯了一直以来使用纸张记载，在原先比较全面的信息管理系统下的信息发生变化，或者改变生活习惯了，没有修改的内容感知的数据库信息系统，所以数据不准确；四是高校行政管理仍有“大锅饭”的表现，新技术的运用与管理人员自身权益没有大的关系，就没有压力；五是就算信息管理系统相当完备，然而因为各高校软件应用不同，无法共享和交流。使得管理者的积极性降低。

再有，教育管理队伍现状。一是高校教育管理队伍整体素质低，流动性强。原因是高校管理者了解教育管理的重要性，在以往的教育管理高校领导干部基本上是从教学或研究前沿阵地转移，一些领导干部做行政工作和教学任务。他们不重视教育管理，对管理业务更新的机会不大，对教育职称评定和科学教育管理有太多影响，没有好的待遇，流动过于频繁。二是高校教育管理队伍结构 + 合理。目前，教育管理团队满足不了时代要求，教育结构不合理，知识结构和能力结构欠缺。

二、大数据环境下对教育管理人员的素质要求

知识密集、高新技术、人才聚集、思维活跃、信息渠道十分畅通，这些都是高校的特点。随着信息技术的快速发展，所有的教育管理人员的素养也有待提高。各教育管理人员应该做到以下几点：

第一，树立强烈的服务意识。管理的本质就是服务。教育管理人员不能把自己作为有权力的管理者，而应该作为一个服务者，服务学生，服务教师，服务教学，进而服务于崇高的教育事业。

第二，掌握教育理论和专业知识。身为做教育工作的人，教育的科学及其规律是基础，一些专业的知识必须掌握，如教育学、教育心理学、管理学和大学教育学等，如此才能让科学教育和教育管理得以实现。高校的管理人员要具备充足的理论知识同时对高等教育的改革的理论适时掌握。再者，必须具备相

关专业知识。进行教育管理工作，是对学校现在的一切资源实现有效而科学的管理，所以历史的和地理的知识要深入把握了解，同时包括现代的计算机方面有关管理的方法和档案的知识，知识结构复杂，将面临教育管理工作操作的复杂性。

第三，掌握现代信息技术，具有良好的信息素养。高校随着现代信息技术的飞快发展必须随之掌握不断更新的技术，这样需得使管理效率不断提高还有教育管理人员的素质要求，教育管理人员不仅得拥有极好的信息素养，还要会顺利使用现代的信息技术。信息素养是由信息知识、信息意识和信息伦理组成的。对高校教育管理的具体表现为：教育管理人员在教育管理中的知识掌握不同的信息源中的应用，如网络、计算机等；在教育管理知识，现代信息技术的有效利用；会用信息检索知识并从网络取得需要的信息，这就要求掌握信息检索知识，会从网络取得信息，所以要学习一些教育管理；教育管理软件；再有应时代要求，英语是必备知识，这样才能顺应网络技术与教育国际化的发展，才可以很好应用信息检索；要提高教学信息化管理的敏感性，特别对敏感度的信息教育和教育管理，这样才能体现信息处于信息社会的价值，了解人们具备的信息并清楚其需要的信息，如此才能使教学的质量提升，从而提升管理的效率，教育管理决策需要精确和完备的信息，其中反馈的信息较有价值。迅速准确对自身信息管理意识的价值有所认识，信息教育管理人员得在守法情况下，不对他人和社会造成危害，对教育管理信息进行处理，使自己的管理能力得以提高。

第四，管理能力要比较强。首先，组织决策能力要比较强。当今社会，教育体制改革在不断加强，只有教育管理者具有较强的组织决策能力，才能制定教学计划，制定切实可行的政策措施，对整个教学过程进行加工，并结合学校自身的优势做出科学合理的决策。其次，教育科研能力要强。查找资料，深入研究，准确把握国内外各大高校特别是精英院校的教学情况。世界教育改革的趋势；教育管理、教学第一线，或参与课堂教学，经常了解教学情况，对高校教学的调查和研究，掌握了整个学校的发展趋势，做好教育管理。同时，“教育教育管理是一门科学”，实施教育管理和教学研究，是教育管理的共同任务。为了正确的管理，提高教育管理的质量和效率，研究者和教师有必要研究教育管理的特点和规律。最后，要勇于创新，敢于开放，培养良好的集体合作能力。教育管理应该与时俱进，而不是一成不变的。对当前高校的教育管理者来说，创新创造能力是他们最缺乏的。1998 年，教育部国家教育发展研究中心、学生司和就业指导中心联合对 1990~1997 年共 1920 名大学毕业生（包括 539 名专科生、1197 名本科生和 174 名研究生）在研究生教育评价进行了研究，认为教师是最缺乏的是创新能力，其次是人际交往能力。对于教员来说，将创新能力用于工作内容，推动教育管理的进步是很重要的，革新也一直是一个核心的内容要求。

三、怎样使教育管理团队进一步提高全面的素质

在《第一次全国普通高等学校教学工作会议土的讲话》（1998 年 3 月 24 日）中周远清说：“加强教育管理队伍。教育管理不仅是一般的行政管理，而且具有学术管理和行政管理的双重功能。没有一个强有力的教育管理队伍，就不可能有一流的教学水平和教学质量。”在信息时代，只有提高教育管理队伍的素质，才能顺应高校的进步，因而怎么拥有高素质的团队呢？我认为我们要做好以下几方面工作：

首先，教育管理质量的培养。由于教育管理团队是由个人组成的，所以建立一支高素质的管理团队，全面提升教育管理者综合素质是重中之重。培训教学质量管理人员要做好以下几项工作：一是岗前培训。美国根据实际需要，开发了中层管理者的职业，这些新的管理者需要接受岗前培训，之后，还应当深化知识的掌握，如心理学及管理科学教育等，还可以提高信息素质，特别是计算机和网络技术，使之可以有效使用校园网与互联网办公和学习。二是面向在职人员，坚持在职学习的原则。需要对员工的培训和学习进行组织与管理，提高教育管理水平的理论研究。采取灵活的培训模式，加强兄弟学校的联系和沟通等。三是要有意识地提高学习的意识和能力，教育管理工作者要能掌握一线教学的情况，促进教师教学实际情形的发展。

再者，必须提升高校教育管理团队的素质，让整体进一步发展，这关系到教育管理人员的个人素质，而且关系到教育管理队伍的整体状况。如果结构合理，人们可以互帮，彼此促进会让人们有更多的集体感，同时利于凝聚力与向心力的加强。可见，教育管理团队的结构与组合是提高教育管理团队素质和整体效果的关键。优化教育管理团队结构必须做到：一是优化教育管理队伍的年龄结构。让不同年龄的人发挥各自优势，并进行经验的互补，形成良好的整体效果。二是优化体系中教育、学科和职称的结构。就教育管理而谈，各学科是相辅相成的，管理团队拥有一台计算机，他们将与计算机进行沟通，团队将合作使得计算机水平得以升高。对于相应的职称和学历方面，要求是不同的，他们的职称和学历要满足梯次结构的要求，决策、管理和具体的事务性工作分工不同，这样各司其职，进而互补。另一个重要的问题是教育管理团队的人格的互补，恰当组合不同个性特点的人利于好的合作的形成。

最后，积极性很关键，因此要建立竞争和激励的制度来引导管理干部，从而提高积极性。责任、制度和奖惩是岗位责任制的三个主要环节。在管理中，责任制是管理制度的核心，工作职位不同相应要承担的责任也不同，因此对不同员工有不同要求,要组成一个合适的团体就要对不同的人进行不同岗位和要求的选择。另外要严格地对员工岗位责任制进行考核，从而对员工的技能和态度有所把握和

了解。定期考核，及时鼓励，奖励合理，全面推广。至于工作态度，对于特别差劲的，最终不再聘用。如此，方能利于竞争并得到进步。通过考核，也能找到每一位员工独特的个性和特长，便于大家把自己的特长得以较好的展现。标准化是奖惩必须具备的特点，只有有所标准才能体现责任制。要做到合理的薪酬制度，只要适当的报酬，绩效评分制度的工作责任就可以胜出。以上制度要落实到各个员工，使员工在一定压力下力求竞争。同时在奖惩时也要特别注重几点：一是物质和精神两方面的奖励都不能忽视。二是奖励使要区分不同的级别，然后分别进行奖励。不同的管理层次激励是根据能力和各异的层级区分的，通常而言，不同位置对应不同的管理能力以及不同的奖励标准。三是应用多元化与动态的奖惩。每个人的需求不同，而且在不同时期的同一个人需求也在改变，目的是为了满足更大的价值的人的需求。为了使奖励制度具有激励相关人员的力量，在教师的各个成长阶段都要用不同的手段给以激励。

实行相应的政策将对教育管理的积极性的提升起很大作用，例如评定职称、管理教学人员等问题。优惠政策的倾斜必然会提高人们的积极性。

第四节　教育管理与大数据紧密结合

一、完善教育管理制度

教育管理系统是根据国家教育法律、法规等，由上级领导部门决策并指示给以条例与规则。它作为教育的一个重要手段，对于维护正常的教学秩序至关重要。

高校的教育管理制度包括：关于教育材料的管理，例如教学的计划、课程安排和总结等；关于学校学业进程的，例如考试、教课进度、资料档案管理和课程的调换等；教师和教育管理人员的责任和奖惩制度；还有就是学生管理系统，如学生的代码、测试代码、实习等。

为了提高教学质量，不仅要有教育管理制度，立足于各校实际，还应再设立新的制度：第一，应对教学工作多开会讨论，会议制度要详细确立，按期让教学校长办公室研讨会设立并进行会议的指导，使教学可以制度化；第二，要对领导加以制度化和规范化；第三，应合理安排考试，重视管理考试程序并制度化；第四，建立和完善毕业生就业质量评价体系，不仅要分析评价结业论文，还要有后续的了解，对毕业生多加关注；第五，应找专门人员进行合理监督；第六，研究革新教学工程体系；第七，职业教育的评价也要标准起来：第八，教学成果情况的结果传送，如四六级和全国计算机考试的合格情况、职称结构和教师资格等。

依托于大数据对高校教育管理制度还要添加辅助的条例：从信息的标准问题的角度出发，国家教育部在2002年和2003年都出台了关于信息化标准的条例，并且高校教育管理信息化应建立在国内外的交流中。再从高校信息化相应体系出发，校园网络还有图书馆是两个校园信息传播的重点，因此要加强它们的建设，尤其要有配套的管理方法。信息技术对教师和教育管理人员信息技能培训的过程中要意识到教师和教育管理人员的重要性，让教师和计算机技术人员共同构成的培训提供培训和指导，为教师和教育管理人员的操作技能进行培训。教师和教育管理的人员对信息化的发展有极大的作用，这两者的能力可以用来评价信息化水平的提高水平。

二、校园网推动教育管理的作用要发挥好

环境是基础，教育管理的基础就是校园网络的平台的建设，如今的教学离不开这个信息平台。所以，一是要特别注重校园里网络的作用，尤其多考虑整体的发展，合理进行计划，要弄清楚它的深层意义和扩展应用，思考网络建设的标准化等。二是统筹设计。充分考虑并实行网络的开拓，软件开发和校园网建设的应用，在施工中必须非常理性，做好网络接口，分阶段使用有限的资金，使效益最大化。三是软硬件要结合起来共同建设。由于设计软件耗时长，在进行网络改造时耗费时间会更多。教育管理的信息系统是由多方面组成的，但系统可以独自设计，也能买到现有的加以使用，要尤为关注的是软件的适用性。四是专门应用，三分技术，七分管理，如此才能达到最好效果。现今网络由于缺乏管理，使得网络的应用出现问题，甚至难以使用。学校方面，应该安排认真负责、技术过硬的老师担当校园网管的重任，有效助推网络的多方面应用。五为加强深造培训。校园网影响全部师生和教育管理人员，学校应重视对教师实施优化管理以及专业化的教育培训，合理制定有效规划，使师生和管理人员能够充分应用校园网满足各自差异化的需求，产生对校园网的认同感，而不是对其出现抵触心理。六是加强使用。最终的目的是创造效益，只有加强对校园网的应用程度，加强对校园网的完善力度，才能够真正发挥和增强其价值。

三、教学要有足够的投入

若没有丰富的基础资源作为支撑的话，就无法保证价值的发挥。正所谓“巧妇难为无米之炊”，投资不充足是万万不行。学校经费是教学运行的基础，好的高校并非就是贵的，不过却一定是有充足资源的。任何一流的高校必然有足够的资源。当前，我国高校教育管理存在严重问题：首先，在教学中资源不足。我国高校经费一般由政府来进行投入。然而，由于投资有限，所以高校资金很稀缺。相较于国外的世界一流大学，它们的经费投入比中国多很多，如麻省理工学院的

办学经费是我国 36 所高校平均投入的 6 倍。其次，缺乏领导力。由于种种原因，学校领导对于教学前沿不深入，对教学条件和教师不够深入了解，造成了教学品质降低。教师与教育管理人才投入不足。最后，一些学生不够勤奋。事实上，高校对人才的培养，不仅要求硬件资源还要求软实力的投入，只有两方面兼具，才能实现高效率的管理。现今，有一些途径可以用来改进教学：第一，不单单依靠政府投入，可建立各种投资系统，从不同主体入手，寻找不同方法；第二，通过合理划分经费投入，以教学为重点，避免费用的不合理分配；第三，待遇从优，使得教师没有后顾之忧，专心致力于教学，改变教师短缺的局面；第四，加强学生管理，增强学生学习的压力和动力。

参考文献

[1] 赵艳 .“微时代”高校学生教育管理工作探究 [J]. 新西部 ,2017(7):123-124.

[2] 王禹 . 大数据时代高校学生教育管理工作个性化研究 [J]. 无线互联科技 ,2017(6):127- 128, 140.

[3] 曹剑 . 自媒体时代下大学生教育管理探究 [J]. 现代职业教育 ,2016(34):181.

[4] 魏伟华 . 大数据时代高校学生教育管理工作个性化研究 [J]. 中国成人教育 ,2016(20):60-63.

[5] 林彩燕 , 林培煜 , 杜建华 . 新媒体时代高校学生党员的培养教育管理机制研究 [J]. 亚太教育 , 2016(13):189-191.

[6] 伍婧超 . 网络时代如何优化高校学生教育与管理工作 [J]. 时代教育， 2015(13):99.

[7] 辛建中 , 刘东风 . 新媒体下高校学生教育管理的改进与创新 [J]. 文教资料 ,2015(6):110-111， 159.

[8] 谢浩彦 . 探究网络时代高校学生教育管理工作 [J]. 文化学刊 ,2015(2):156-157.

[9] 娄志刚 . 微时代高校学生教育管理的微应对 [J]. 郑州铁路职业技术学院学报 ,2014,26(4): 120-121.

[10] 李霞 . 微信时代高校教育管理工作的实证研究 [J]. 时代教育 ,2014(13):93-94.

[11] 洪莹 , 吴健豪 . 网络时代高校学生教育管理的创新 [J]. 中国电力教育 ,2008(18):167-168.

[12] 王粲 , 李文莲 , 孙波 . 角色转移、大数据与学生教育管理模式创新 [J]. 中国成人教育 ,2017(13): 43-46.

[13] 宋志彬 . 论中职院校学生教育管理与素质教育 [J]. 黑龙江科学 ,2017,8(5):94-95.

[14] 柳帅 . 高职院校学生管理体系创新与实践探析 [J]. 职业 ,2016(21):63-64.

[15] 杨英洵 , 徐钦桂 . 公共管理视角下高校学分制学生教育管理探讨 [J]. 教育教学论坛 , 2016(22): 13-14.

[16] 任杰 . 高校学生教育管理法治化途径分析 [J]. 湖北函授大学学报 ,2016,29(5):23-24， 31.

[17] 周伯久 , 张卫国， 李大维 . 校企共建模式下学生教育管理创新与实践 [J]. 中国冶金教育 , 2015(4):83-88.

[18] 马多勇 . 高职本科学生教育管理实践探索——以南京工业职业技术学院为例 [J]. 开封教育学院学报 ,2014,34(9):184-185.

[19] 黄展 , 刘晶 . 高校国际学生趋同化教育管理理论与实践探析 [J]. 国家教育行政学院学报, 2014(6): 68-71.

[20] 王林生 . 高职院校学生管理模式的创新研究与实践 [J]. 经济研究导刊 ,2014(5):152-153.

[21] 夏民 . 法治理念下大学生教育管理创新研究 [D]. 南京： 南京师范大学 ,2014.

[22] 严莉莉 . 高等教育实践管理范式的哲学透析 [D]. 武汉：华中师范大学 ,2013.

[23] 张冠鹏 . 高校学生管理制度研究 [D]. 长春：东北师范大学 ,2013.

[24] 何勇 , 侯莉 , 李武生 . 高校违纪学生教育管理体系探究 [J]. 经济师 ,2012(8):65-67.

[25] 吴恒仲 . 高校学生教育管理中人文关怀的体系构建 [J]. 高等农业教育 ,2012(7):47-50.

[26] 尚启超 , 李韦华 , 钟育雄 , 等 . 独立学院学生教育管理模式的研究与实践 [J]. 价值工程 ,2012, 31(11):232-233.

[27] 吴恒仲 . 大学生教育管理中人文关怀的科学内涵 [J]. 黑龙江高教研究 ,2012,30(2):63-65.

[28] 鲁伟 , 壮国桢 . 高职院校学生教育管理课程化的探索与实践——以常州机电职业技术学院为例 [J]. 教育学术月刊 ,2010(9):94-96.

[29] 武正林 , 张莉 . 高职院校学生教育管理工作的思考与实践 [J]. 教育与职业 ,2009(32):40-41.

[30] 黄斌 , 何军 , 李强 . 新校区学生教育管理模式的探索与实践 [J]. 中医教育 ,2005(6):8-10.

[31] 秦启轩 , 王集权 . 当前学生教育管理研究综述 [J]. 山西财经大学学报 (高等教育版), 2004(1): 12-16.

[32] 吴远 , 秦启轩 . 多校区大学学生教育管理模式的构建 [J]. 中国高教研究 ,2003(12):63-65.

[33] 秦启轩 . 学生教育管理研究中的几个问题 [J]. 高教论坛 ,2003(5):146-149，152.

[34] 李向阳 . 基于大数据环境下高校教育管理信息化创新与发展研究 [D]. 信阳：信阳师范学院，2017.

[35] 郭丹 . 高校教育管理信息资源整合的研究 [D]. 大庆：东北石油大学 ,2012.

[36] 武雯 . 高校研究生教育管理系统教师端的评价与设计 [D]. 北京：北京理工大学 ,2015.

[37] 吴恒仲 . 高校学生教育管理中人文关怀研究 [D]. 苏州：苏州大学 ,2011.

[38] 许朝民 . 高校教育管理干部素质发展策略研究 [D]. 重庆：西南大学 ,2009.

[39] 李亚东 . 我国高等教育外部质量保障组织体系顶层设计 [D]. 上海：华东师范大学 ,2013.

[40] 马堃 . 我国高校与学生教育管理纠纷多元化解决机制研究 [D]. 长沙：湖南大学 ,2010.

[41] 郭武军 . 高校教育管理创新的思考 [J]. 中国成人教育 ,2007(5):46-47.

[42] 洪莹 . 高校教育管理信息化探讨 [J]. 管理观察 ,2014(35):132-133.

[43] 李忆华 , 阳小华 . 大数据对教育管理决策的影响分析 [J]. 内蒙古师范大学学报 (教育科学版), 2015,28(3):4-6.

[44] 李亚翠 . 高校教育管理信息化迎来大数据时代 [J]. 大学教育 ,2015(3):181-182.

[45] 高素 . 我国高校教育管理信息化建设探讨 [J]. 亚太教育 ,2015(6):239-240.

[46] 刘烈东 . 高校教育管理信息化建设 [J]. 文化学刊 ,2015(6):121-122.

[47] 胡弼成 , 邓杰 . 大数据时代的教育变革 : 挑战、趋势及风险规避 [J]. 教育科学研究 ,2015(6):

29-34.

[48] 魏伟华 . 大数据时代高校学生教育管理工作个性化研究 [J]. 中国成人教育 ,2016(20):60-63.

[49] 刘荣 . 大数据时代背景下教育管理模式变革探析 [J]. 教育教学论坛 ,2017(11):17-18.

[50] 华炜 . 高校教育管理创新举措探讨 [J]. 江苏高教 ,2017(6):34-36.

[51] 薛莹 . 大数据时代的教育管理模式变革刍议 [J]. 艺术科技 ,2017,30(3):330，318，326.

[52] 赵春辉 . 浅议大数据时代的教育管理模式变革路径 [J]. 中国高新区 ,2017(14):66.

[53] 刘星 . 大数据背景下高校教育管理信息化建设探索与思考 [J]. 江苏科技信息 ,2017(33): 38-39,56.

[54] 杨银付 . 深化教育领域综合改革的若干思考 [J]. 教育研究 ,2014,35(1):4-19.

[55] 陈小芹 . 高校教育管理信息化建设的研究 [J]. 中国管理信息化 ,2014,17(6):112-113.

[56] 周湘林 . 大数据时代的教育管理变革 [J]. 中国教育学刊 ,2014(10):25-30.

[57] 张育琳 . 大数据时代下高校教育管理信息化创新发展路径 [J]. 焦作大学学报 , 2017,31(4): 111-113.

[58] 杨现民 , 唐斯斯 , 李冀红 . 发展教育大数据 : 内涵、价值和挑战 [J]. 现代远程教育研究 , 2016(1):50-61.

[59] 曲遥 . 大数据时代的教育管理模式改革探讨 [J]. 中国管理信息化 ,2016,19(4): 253.

[60] 王爱臻 . 信息化时代中高校教育管理建设的思考 [J]. 读与写 (教育教学刊), 2016,13(3):74.

[61][美] 伯顿 · 克拉克 . 高等教育新论 [M]. 王承绪 , 等译 . 杭州：浙江教育出版社，2001.

[62] 国家教育行政学院 . 国家教育体制改革试点阶段性研究报告（高等教育卷）[M]. 北京：教育科学出版社，2014.

[63] 潘懋元 . 中国高等教育评论 [M]. 北京：教育科学出版社，2012.

[64] 叶茂林，肖念 . 中国高等教育热点问题述评 [M]. 北京：科学出版社，2007.